中国文化遗产研究院 · 人文社会科学系列 · 2021年

中国长城

China's Great Wall Protection Report 2019

2019年度
保护发展报告

中国文化遗产研究院 ◆ 编著

文物出版社

图书在版编目（CIP）数据

中国长城2019年度保护发展报告／中国文化遗产研
究院编著．--北京：文物出版社，2021.12
　　ISBN 978 - 7 - 5010 - 7243 - 9

　　Ⅰ．①中…　Ⅱ．①中…　Ⅲ．①长城 - 文物保护 - 研究
报告 - 中国 - 2019　Ⅳ．①K928.77

　　中国版本图书馆 CIP 数据核字（2021）第 203807 号

中国长城2019年度保护发展报告

编　　著：中国文化遗产研究院

责任编辑：吕　游
封面设计：程星涛
责任印制：张　丽

出版发行：文物出版社
社　　址：北京市东城区东直门内北小街 2 号楼
邮　　编：100007
网　　址：http://www.wenwu.com
经　　销：新华书店
印　　刷：宝蕾元仁浩（天津）印刷有限公司
开　　本：889mm×1194mm　1/16
印　　张：7.75
版　　次：2021 年 12 月第 1 版
印　　次：2021 年 12 月第 1 次印刷
书　　号：ISBN 978 - 7 - 5010 - 7243 - 9
定　　价：128.00 元

前　　言

2019 年，中华人民共和国成立 70 周年。这一年，也是长城保护具有里程碑意义的一年。长城作为中华民族精神文化象征的独特符号，在国家重大事件中高光频现。

国家领导人视察

2019 年 8 月，习近平总书记视察甘肃，文物、生态和扶贫攻坚成为三大主题。习近平来到嘉峪关关城，察看关隘、建筑布局和山川形势，听取长城文物遗产保护和历史文化传承弘扬情况介绍。习近平强调，长城凝聚了中华民族自强不息的奋斗精神和众志成城、坚韧不屈的爱国情怀。他还说，我们一定要重视历史文化保护传承，保护好中华民族精神生生不息的根脉①。

纳入顶层设计和全面谋划

2019 年，涉及长城保护利用和传承发展的 2 部重磅文件发布。

《长城保护总体规划》经国家统一部署、多方鼎力协作、历时十余年编制，终于在 2019 年新年伊始由文化和旅游部、国家文物局正式发布。规划阐释了长城价值和长城精神，明确了秦汉长城和明长城为保护重点，强调了协调处理好全面保存与重点保护的关系，分级管理与分类保护的关系，政府主导与社会参与的关系，以及遗产保护与传承弘扬的关系。

年底，《长城、大运河、长征国家文化公园建设方案》作为国家实施的重大文化系统工程，经中央全面深化改革委员会审批通过。长城国家文化公园建设将推动长城文物和文化资源保护传承利用在更高层次上纳入政府主体责任、国土空间规划、生态系统治理、文物融合工程、体制机制改革，做大做强中华文化重要标志。

---

① 新华社记者，习近平甘肃之行，三个重点贯穿其中，新华网，2019 年 8 月 23 日。

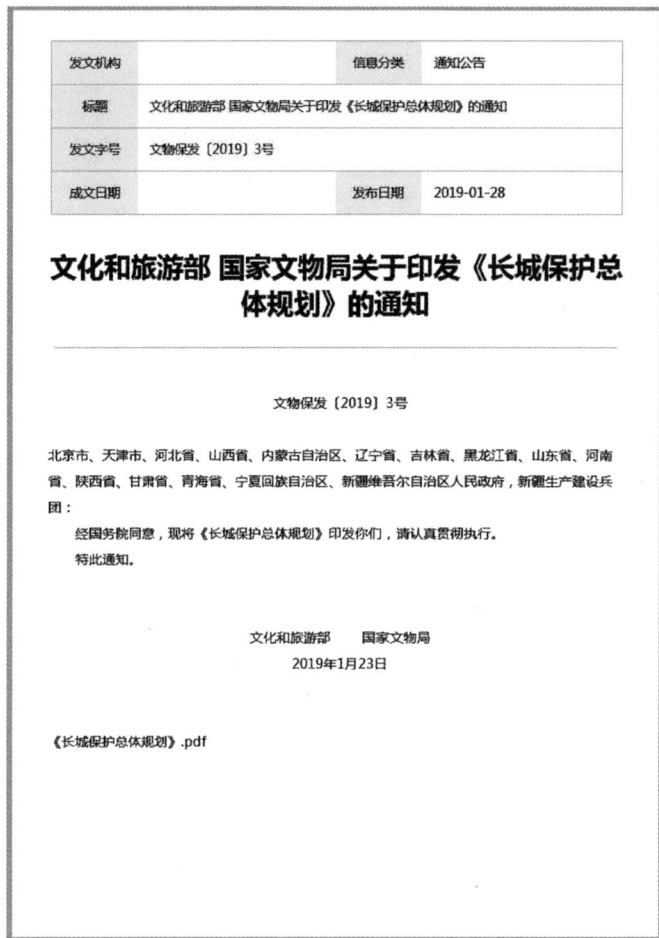

发文机构		信息分类	通知公告
标题	文化和旅游部 国家文物局关于印发《长城保护总体规划》的通知		
发文字号	文物保发〔2019〕3号		
成文日期		发布日期	2019-01-28

文化和旅游部 国家文物局关于印发《长城保护总体规划》的通知

文物保发〔2019〕3号

北京市、天津市、河北省、山西省、内蒙古自治区、辽宁省、吉林省、黑龙江省、山东省、河南省、陕西省、甘肃省、青海省、宁夏回族自治区、新疆维吾尔自治区人民政府，新疆生产建设兵团：

经国务院同意，现将《长城保护总体规划》印发你们，请认真贯彻执行。

特此通知。

文化和旅游部　　国家文物局
2019年1月23日

《长城保护总体规划》.pdf

图前 -1 　《长城保护总体规划》正式发布
(图片来源：国家文物局网站)

闪亮文化节庆与国际交流平台

在中华人民共和国成立 70 周年之际，以长城为背景的节庆活动在长城沿线开。其中，北京八达岭长城点亮灯光秀，雄伟苍劲的八达岭长城在群山之间璀璨蜿蜒，古老与时尚奇妙融合，"祖国万岁""我爱你中国"的 70 华诞祝福更富冲击力和感染力。

中国长城在国际文化遗产保护领域积极发声。2019 年夏天，在阿塞拜疆举行的第 43 届世界遗产委员会会议期间，中国文化遗产研究院、英格兰遗产委员会、中国古遗址保护协会联合举办"中英双墙合作"主题边会。金秋时节，中国文化遗产研究院和英格兰遗产委员会在河北金山岭长城联合主办第二届双墙对话研讨会暨长城保护联盟第二届年会。中国长城在管理措施、维修理念、社会参与以及信息技术和互联网应用等领域取得的成绩令国际同行耳目一新，印象深刻。

图前－2　《长城、大运河、长征国家文化公园建设方案》通过
（图片来源：人民日报 2019 年 12 月 6 日 01 版）

图前－3　"祖国万岁 我爱你中国"——国庆70周年北京八达岭长城点亮灯光秀
（图片来源：北京晚报 2019 年 9 月 29 日）

图前 − 4　第二届双墙对话研讨会暨长城保护联盟第二届年会

（图片来源：2019 年 11 月 4 − 7 日，河北金山岭）

　　2019 年度《长城保护发展报告》延续已经出版的 2017—2018 年度《长城保护发展报告》体例结构，分为长城研究、管理体制、维修保护、开放利用和社会参与等几大板块。

　　报告内容仍然由总结分析、数据和案例构成。报告内容的基础资料来自三大渠道，一是以国家文物局和各地文物部门为主的政府渠道，二是平时执行科研任务、开展专业调研过程中积累的资料，三是长城保护联盟成员、合作伙伴提供的材料及媒体和舆情渠道。在以上资料基础上，报告尽量以数据形式展现 2019 年长城保护成绩，并与之前几年进行对比分析。报告中不只有冰冷的数字，还包含具体案例，呈现长城沿线政府、专业人员和社会力量做出的一件件实事。希望通过数字与案例，推广各地长城保护管理的可贵实践经验，供长城沿线同行借鉴，并将中国长城保护管理的实践与进展介绍给世界。

目　　录

第一章　长城考古与遗产研究

第一节　长城主动考古开始起步，总体上仍零散薄弱

据统计，2019 年开展的长城考古项目共计 3 项。分别为内蒙古自治区乌海市二道坎烽火台考古发掘项目、河北省张家口市来远堡考古项目、新疆维吾尔自治区尉犁县克亚克库都克烽燧遗址发掘项目（表 1 –1）。

表 1 – 1　2019 年开展考古项目一览表

序号	所属省市	项目名称	项目单位	项目性质	遗迹年代
1	内蒙古	乌海市二道坎烽火台考古发掘项目	内蒙古自治区文物考古研究所	配合文物保护修缮	明代
2	河北	张家口市来远堡考古项目	张家口市文物考古研究所	配合基建	清、民国
3	新疆	尉犁县克亚克库都克烽燧遗址发掘项目	新疆文物考古研究所	主动发掘	唐代

2019 年 5 月，为配合二道坎烽火台保护加固工程，内蒙古自治区文物考古研究所与乌海市文物保护管理站联合组成考古队，对烽火台台基、台顶、台芯及围墙进行了局部试掘，共布 1 米宽的探沟 7 条，总发掘面积约 40 平方米。此次发掘的 7 条（编号 TG1～7）探沟，布设在烽火台台体四侧各 1 条，台顶东部 1 条，台顶中北部夯土高台西侧坍塌堆积处 1 条，西围墙中部 1 条。通过发掘可知，烽火台台基在营建时，先在低洼的地方铺垫黄沙土，形成水平面，然后在上面建筑台基。因未对台基进行解剖，台基内结构形制无法确定。通过此次发掘，基本了解了该烽火台的结构及建造方式，既为实施加固保护工程提供了重要的参考信息，也为研究明代烽火台结构、功能提供了新的材料。①

① 内蒙古文物考古研究所提供资料，内容以内蒙古文物考古研究所正式发表考古报告为准。

2019 年 4—5 月，为配合来远堡内环境整治项目的实施，张家口市文物考古研究所对来远堡内开展考古勘探工作，勘探面积约 50000 平方米。此次勘探在勘探区域发现了子城城墙基础、关帝庙基础、道路基础，对编制来远堡环境整治方案提供了重要的参考资料。

2019 年，经国家文物局批准，新疆文物考古研究所对新疆尉犁县克亚克库都克烽燧遗址开展考古发掘工作，发掘面积 600 平方米。发掘情况表明，克亚克库都克烽燧修筑于一处大型红柳沙丘上，是由烽燧本体、居住房屋等建筑构成的一处结构完整、功能齐备的综合性军事设施遗址。烽燧地处沙丘东部，处于迎风面的东、北两侧。烽燧平面大致呈方形，立面呈梯形，由三层或四层土坯夹铺一层芦苇草，中部夹放胡杨立木垒砌而成。下底边残长 8，通高约 7 米。发现房屋三间。房屋修筑方式是利用"减地法"向下掏挖，在原始生土堆积中，掏挖修筑出三间半地穴式房屋，室内面积约 80 平方米。通过对出土遗物进行研究，结合碳十四测年，推测烽燧修筑于唐代。发掘者根据出土纸质文书确认克亚克库都克烽燧遗址为一处游弈所级机构驻地。[①]

2019 年度考古工作有如下特点：第一，2019 年全年与长城相关的考古工作数量有限，长城考古研究依然很薄弱。第二，开始出现与长城相关主动考古发掘项目。新疆尉犁县克亚克库都克烽燧遗址发掘为近年来最重要的与长城相关的考古发掘项目，成功入选 2019 年全国重要考古发现，并受到学术界广泛关注。

第二节　长城遗产研究成果更加面向公众，面向国际

2016 年以来，中国文化遗产研究院受国家文物局的委托，先后组织编写了《爱我中华，护我长城：长城保护 2006—2016》、[②]《中国长城保护报告（2017—2018）》。2019 年，长城研究工作持续推进，共出版调查报告 3 部、研究论著 12 部，长城文化科普宣传书籍 7 部、儿童读物 4 部，发表各类研究论文 77 篇，在学术界及社会上产生了较为重要的影响。

2019 年，长城沿线各省市继续投入力量对长城资源调查资料进行整理，先后出版《山西省明长城资源调查报告》[③]《宁夏明代长城：固原内边长城调查报告》[④]《宁夏早期长城调查报告》[⑤] 等 3 部长城资源调查报告，为进一步深入研究长城奠定了坚实的基础（表 1 - 2）。到 2019 年底，已陆续出版长城资源调查报告 21 部（附件 1）。

---

① 胡兴军：《新疆尉犁克亚克库都克烽燧遗址》，载国家文物局主编《2019 中国重要考古发现》文物出版社，2020 年。

② 中国文化遗产研究院编：《爱我中华、护我长城：长城保护 2006—2016》文物出版社，2017 年。

③ 山西文物局编著：《山西省明长城资源调查报告》文物出版社，2019 年。

④ 宁夏文物考古研究所编：《宁夏明代长城：固原内边长城调查报告》文物出版社，2019 年。

⑤ 宁夏文物考古研究所编：《宁夏早期长城调查报告》文物出版社，2019 年。

表 1-2　2019 年出版长城资源调查报告一览表

序号	省份	报告名称	编著单位	出版社	出版时间
1	山西省	《山西省明长城资源调查报告》	山西文物局	文物出版社	2019
2	宁夏回族自治区	《宁夏明代长城：固原内边长城调查报告》	宁夏文物考古研究所	文物出版社	2019
3	宁夏回族自治区	《宁夏早期长城调查报告》	宁夏文物考古研究所	文物出版社	2019

　　2019 年共出版研究论著 12 部。天津大学建筑学院自 2003 年以来长期对长城及相关聚落进行调查与研究，相关阶段性成果集中体现为张玉坤主编的"长城·聚落"系列丛书，2017—2018 年，该丛书已经陆续出版 6 部，2019 年又出版 3 部（表 1-3），是近年来长城研究的一大亮点。范熙晅、张玉坤、李严著《明长城军事防御体系规划布局机制研究》以整体性视角从自然因素、社会因素及军事策略三个方面对明长城军事防御体系的规划布局和选址机制进行研究，分析明长城军事防御体系规划布局的内部思想。① 谭立峰、张玉坤、尹泽凯著《明代海防防御体系与军事聚落》以充分的实地调研为基础，以建筑学、城乡规划学、地理学等学科为主线，融入大数据思维，从明代海防聚落的建设进程、层次、城池布局、聚落的防御性等方面进行整体性研究，并与明代长城防御体系进行比较，从而对明代海防聚落体系有一个系统的认识。② 杨昌鸣、谢国杰、张玉坤著《军事村落——张壁》对我国现存较为完好的一座融军事、居住、生产、宗教等为一体的"城堡式建筑"张壁完善的军事防御功能、山地形态、村落的空间布局、巷道构成、民居格局、多元的宗教文化等进行了深入的研究。③

表 1-3　2019 年已出版长城·聚落丛书简表

序号	书名	主编	作者	出版社	出版时间
1	《明长城军事防御体系规划布局机制研究》	张玉坤	范熙晅、张玉坤、李严	中国建筑工业出版社	2019
2	《明代海防防御体系与军事聚落》	张玉坤	谭立峰、张玉坤、尹泽凯	中国建筑工业出版社	2019
3	《军事村落——张壁》	张玉坤	杨昌鸣、谢国杰、张玉坤	中国建筑工业出版社	2019

① 范熙晅、张玉坤、李严著：《明长城军事防御体系规划布局机制研究》中国建筑工业出版社，2019 年。
② 谭立峰、张玉坤、尹泽凯著：《明代海防防御体系与军事聚落》中国建筑工业出版社，2019 年。
③ 杨昌鸣、谢国杰、张玉坤著：《军事村落——张壁》中国建筑工业出版社，2019 年。

2019 年，中国文化遗产研究院、英格兰遗产委员会编著出版《双墙对话：哈德良长城与中国长城保护管理研讨会文集》①。该文集是中国文化遗产研究院和英格兰遗产委员会于 2018 年在英国纽卡斯尔大学合作举办研讨会的成果。文集为中、英双语对照，收录第一届双墙对话研讨会论文 21 篇，分为国家遗产管理体系、长城保护理论和实践、长城调查研究和监测、游客管理和社会参与四大专题。论文集还附有双墙地图、照片和术语表，是首部面向国际读者的双墙保护管理利用的综合性学术成果。文集中有关英国哈德良长城考古、研究以及保护和管理等方面的介绍与阐释，对于我国的文化遗产研究、管理和保护具有积极的借鉴作用和参考价值，其中许多政策、措施都值得我国学术界和管理层的关注。作为对话的一方，中国关于长城基本状况的描述和有关保护、管理的法规政策、制度措施以及社会参与等方方面面的阐述和解说，对于国际社会理解或认知中国长城及其保护与管理等具有十分重要的意义，也可以视作从保护和管理角度向世界集中介绍长城及中国文物保护的重要著作。

张文平著《内蒙古长城：战国秦汉篇》从内蒙古长城总体架构到战国秦汉时代的长城做了从整体到局部的梳理，并对内蒙古境内战国秦汉的长城进行了从史料到学术难点的分析，解决了长期以来困扰学术界的疑难问题，是有关内蒙古地区战国秦汉段长城重要的参考资料。②

高万东、陈静著《图说盐池长城》将盐池县境内的 3 段明长城、19 座古城堡、168 座烽火台逐一勘测拍照进行记录，对以前遗漏的长城遗迹进行了考证，并收录近年来相关研究和史料中有关盐池长城的新成果。作者还尝试对境内的烽火台沿商道、驿路排列的规律进行总结，为推动盐池长城保护工作进行了有益的探索。③

苏栓斌编著《宁武长城》从长城调查、长城文化、长城印象、长城保护几个方面入手，力求多角度反映宁武长城的历史，探讨长城文化对当地社会、经济、历史、文化等方面的作用，以及对长城带和边塞地区的影响，体现了学术性、知识性和文化性。④

国光红著《齐长城与管子》为 2019 年长城研究的重要成果之一，该书对齐长城的起止、走向以及齐长城的修建年代进行了探讨，并对齐国经济文化进行了研究。⑤

张义编著《八达岭长城传说》收录了流传于八达岭长城沿线的各种传说，并从历史、文化、保护、传承等多方面角度对其进行阐述，试图为中国长城传说做理论上的探索，为建立和丰富中国长城文化体系做出有益的尝试。⑥

① 中国文化遗产研究院、英格兰遗产委员会编著：《双墙对话：哈德良长城与中国长城保护管理研讨会文集》文物出版社，2019 年。
② 张文平著：《内蒙古长城：战国秦汉编》文物出版社，2019 年。
③ 高万东、陈静著：《图说盐池长城》宁夏人民出版社，2019 年。
④ 苏栓斌编著：《宁武长城》三晋出版社，2019 年。
⑤ 国光红著：《齐长城与管子》文物出版社，2019 年。
⑥ 张义编著：《八达岭长城传说》北京美术摄影出版社，2019 年。

武光著《八达岭长城》详细介绍了八达岭长城的自然地理、历史沿革、文物建筑、明清武备、周边战事、保护与修复、碑刻文抄等，为了解和研究八达岭长城的佳作。①

2019 年，长城文化科普宣传书籍共出版 7 部。其中，燕山大学出版社出版的"中华血脉·长城文学艺术"丛书，2019 年共出版 4 部（表 1－4）。郑悦编著《长城传说》汇集流传在明长城沿线河北、北京、天津、山西、陕西、甘肃等地的民间故事、长城传说 60 余篇，地域色彩突出，表现出长城沿线群众保护长城、热爱生活的朴素追求。② 王彦杰编著《长城小说》通过对不同类别、不同年代的长城小说进行点评、赏析，让读者通过小说这一特定形式来了解长城，进一步完善长城文化内涵。③ 裴鼎鼎、苏君礼编著《长城戏曲》通过把戏曲与长城文化有机结合起来，使受众更容易理解中国戏曲深刻的艺术内涵和独特的表现形式，同时深入了解长城文化。④ 孙志升编著《长城诗歌》钩沉整理自秦汉至近代的历代吟咏长城古代、现代诗歌 200 首，包括乐府诗、律诗、词、曲等，文人作品居多，也有民间歌赋，集中描绘了长城在诗歌中的文学形象。⑤ "中华血脉·长城文学艺术"丛书从多角度讲述长城文化的各个组成部分，将长城作为一条主线，借助文学艺术的不同形式，从不同角度引导读者领略文学艺术之美，再现中国历史的风云际会，为读者普及长城文化知识，培养民族荣誉感、自豪感。

表 1－4　2019 年出版"中华血脉·长城文学艺术"丛书简表

序号	书名	作者	出版社	出版时间
1	《长城传说》	郑悦编著	燕山出版社	2019
2	《长城小说》	王彦杰编著	燕山出版社	2019
3	《长城戏曲》	裴鼎鼎、苏君礼编著	燕山出版社	2019
4	《长城诗歌》	孙志升编著	燕山出版社	2019

万安伦主编《长城胜迹》一书梳理了存在于北京市境内的十多处长城，并对它们及其周边的环境作了生动详尽的描写，图文并茂，让世人对长城形成更为直观全面的认识。⑥

中国长城博物馆著《北京长城历史与文化》立足于对北京长城文化的挖掘、传承以及长城精神的弘扬，围绕长城的修建历史、军事防御、建筑形制、武器配备、民族融合以及长城的价值与魅力等方

---

① 武光著：《八达岭长城》北京出版社，2019 年。
② 郑悦编著：《长城传说》燕山出版社，2019 年。
③ 王彦杰编著：《长城小说》燕山出版社，2019 年。
④ 裴鼎鼎、苏君礼编著：《长城戏曲》燕山出版社，2019 年。
⑤ 孙志升编著：《长城诗歌》燕山出版社，2019 年。
⑥ 万安伦主编：《长城胜迹》北京出版社，2019 年。

面进行了通俗易懂的叙述，既有知识性又有趣味性，可以让读者对北京长城有一个系统而全面的认识。[①]

2019年，长城相关的儿童读物共出版5部，分别为许慧君著《建长城》[②]、王雪农著《了不起的长城》[③]、连达著《长城》[④]、呦呦童著《长城》[⑤]，帝都绘工作室主创的《长城绘》。后者根据长城的基本情况，系统地梳理了长城的历史、地理、文化、经济、军事、民族、交流、保护、旅游等方方面面的小知识，以33组长城专题500幅原创信息图的形式予以表现，获2019年度"中国好书"。这些著作填补了长城领域儿童读物的空白，在一定程度上满足了少年儿童了解长城文化知识的需求，对培养少年儿童对长城的感情，从小树立长城保护意识，有积极作用。

根据我们通过中国知网所做统计，2019年正式发表的长城论文共计77篇（表1-5、图1-1）。其中开发利用类论文共计5篇，占论文总数的6.5%；保护管理类论文共计21篇，占论文总数的27.3%；历史文化类论文共计51篇，占论文总数66.2%。

表1-5 2015—2019年长城研究论文统计表

年份 \ 类别	开发利用类	保护管理类	历史文化类	合计
2015 年	11	17	36	64
2016 年	3	21	42	66
2017 年	9	15	26	50
2018 年	12	29	60	101
2019 年	5	21	51	77
合计	40	103	215	358

备注：为了保证统计数据的可比性与可靠性，我们采用了与《爱我中华，护我长城：2006—2016》相同的分类标准与检索方法。数据的采集根据中国知网统计结果整理，并对数据的真实性进行了校正。开发利用类论文的检索关键词为：长城+旅游、长城+开发、长城+利用；保护管理类论文检索关键词为：长城+保护、长城+管理、长城+政策、长城+法规、长城+法律、长城+应用、长城+监测；历史文化类论文的检索关键词为：长城+关、长城+堡、烽火台、烽燧、长城+遗址、长城+考古、长城+文化、长城+历史、长城+调查、长城+地理。

从论文各类所占比例分析，历史文化类论文占论文总数的一半以上，其次为保护管理类的论文，开发利用类论文所占比例最少。论文的分布特点与上一部报告论文分布特点基本相同（图1-1）。

① 中国长城博物馆著：《北京长城历史与文化》北京教育出版社，2019年。
② 许慧君著：《建长城》北京科学技术出版社，2019年。
③ 王雪农著：《了不起的长城》中国少年儿童出版社，2019年。
④ 连达著：《长城》清华大学出版社，2019年。
⑤ 呦呦童著：《长城》安徽科学技术出版社，2019年。

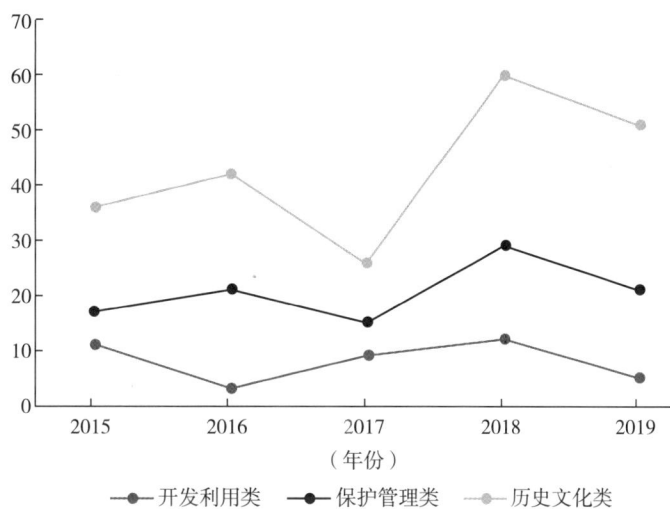

图 1－1　中国知网长城研究文献分类折线统计图

　　2019 年，以长城作为选题的研究生毕业论文共计 20 篇，其中 19 篇为硕士毕业论文，1 篇为博士毕业论文。开发利用类论文共计 2 篇，保护管理类 7 篇，历史文化类 11 篇。从论文的分布分析，历史文化类论文占据一半以上，有限的论文主要集中在此领域；其次为保护管理类，所占比重有所提高，逐渐受到研究者的重视；开发利用类所占比重最低，相关研究一直非常薄弱。

　　通过对 2019 年长城研究成果进行梳理，可总结以下特点：第一，长城研究系列论著持续涌现，研究成果较为丰硕，且形成系列化趋势。第二，长城文化科普宣传书籍持续出版，显示普通公众热爱长城，关注长城，对长城抱有极大的热情。第三，长城相关儿童读物涌现，显示与长城相关历史文化知识在少年儿童中的普及已经受到重视。

第二章 长城管理体制与法治建设

在长城保护管理体制不断完善的基础上，2019 年长城保护管理工作更加注重基础工作的制度化、精细化，结合长城沿线各地实际情况不断创新探索有效工作机制，同时长城保护管理机构遭遇机构改革挑战。

第一节 长城保护管理加强顶层统筹，纳入宏观规划

2019 年以来，长城规划体系建设出现可喜进展。长城遗产保护的总体规划正式发布，重要省级规划经过反复论证获得批准。除此以外，国家和一些地区启动了长城国家文化公园建设等长城资源与区域发展的战略性、综合性规划，凸显长城在文物保护与文化传承、公共服务、旅游休闲、生态修复、经济升级等领域可持续融合发展的示范带动作用。

一、《长城保护总体规划》发布、省级保护规划编制完成

2019 年 1 月 22 日，经国务院同意，文化和旅游部、国家文物局联合印发《长城保护总体规划》[1]（以下简称《规划》），明确了长城保护传承利用相关工作原则、目标、内容及管理要求。《规划》对长城管理、保护、展示、宣传教育、参观游览与研究等各项措施进行了科学统筹设计。《规划》的出台是实施《长城保护条例》的重要进展，是国家统一部署、多方鼎力协作的重要成果。《规划》为建立长城保护传承利用长效工作机制，督促各省（自治区、直辖市）将长城保护作为一项长期任务持之以恒地抓下去，提供了重要遵循。《规划》阐释了长城价值和长城精神，强调了长城文化景观的特性，

---

[1] 提升长城保护的整体水平——国家文物局局长刘玉珠解读，《长城保护总体规划》，新华网，2019 年 1 月 25 日，http：//www. xinhuanet. com/politics/2019 - 01/25/c_1124044384. htm。

提出规划核心是长城价值的保护展示，规划目标是长城精神、抗战精神、长征精神的传承弘扬。

　　依据正式公布的《长城保护总体规划》，长城沿线秦汉、明等长城主线的省级保护规划全部完成相应调整编制，并获得国家文物局批准。

图 2 - 1　《长城保护总体规划》发布现场

（图片来源：中华人民共和国中央政府网 http：//www.gov.cn/xinwen/2019 - 01/24/content_5360848.htm 杨楠拍摄）

二、长城国家文化公园建设方案发布

　　2019 年 7 月 24 日，中央全面深化改革委员会会议审议通过《长城、大运河、长征国家文化公园建设方案》①（以下简称《方案》）。按照《方案》部署，计划 2023 年底基本完成长城国家文化公园建设，其中长城河北段作为重点建设区将于 2021 年底前完成。

　　为此，文化和旅游部启动《长城国家文化公园建设保护规划》编制工作，长城沿线各地启动编制省级长城国家文化公园建设保护规划。长城国家文化公园将结合国土空间规划，重点建设管控保护区、

---

① 中共中央办公厅、国务院办公厅印发《长城、大运河、长征国家文化公园建设方案》，新华网，2019 年 12 月 5 日，http：//www.xinhuanet.com/politics/2019 - 12/05/c_1125313155.htm。

主题展示区、文旅融合区、传统利用区等四类主体功能区，推动实施保护传承工程、研究发掘工程、文旅融合工程、数字再现工程等一批标志性工程。长城国家文化公园将通过整合具有突出意义、重要影响、重大主题的文物和文化资源，实施公园化管理运营，实现保护传承利用、文化教育、公共服务、旅游观光、休闲娱乐、科学研究功能，形成具有特定开放空间的公共文化载体，集中打造中华文化重要标志。

自《方案》印发以来，长城沿线各省区市坚持规划先行，由文化和旅游主管部门牵头编制相关规划草案，制定实施方案。各地从国家战略需求、地方发展诉求多视角综合考虑，明确发展定位、建设布局和宣传导向，确定国家级长城重要点段名单和长城国家文化公园建设重大项目。

开展省级保护建设规划编制。各省区市将中央精神与本地实际相结合，立足依托文物资源实现文化旅游融合发展机遇，有序开发长城文化资源，规定总体布局与重点建设项目。如甘肃省初步规划 3 个综合示范区，3 个集中展示带，8 个重点展示区段的"338"总体布局。特定点段建设项目规划逐步开展。作为长城国家文化公园试点，河北省重点打造"金山岭、山海关、老龙头、喜峰口、白羊峪、大境门"等长城核心景观，秦皇岛段、承德段、邯郸段、保定段、等保护建设实施方案规划，确定建设保护思路、发展定位、品牌定位及阶段建设目标。

推进融合共享，多规合一。以长城国家文化公园战略体系为抓手，打造文旅新形象，确保国土空间规划、公园发展规划、土地利用规划、城乡规划、生态环境保护规划等落在一张图上，推动全域旅游发展格局建设。天津市、河北省、山西省、宁夏回族自治区等长城国家文化公园建设，对照全域旅游示范区创建要求，推动资源整合和区域协同，助力国家 5A、4A 级景区创建。

主抓创新工程，规建一体。相关省区市将重大项目谋划作为规划编制的主要抓手，规划建设一批文旅融合创新，以及特色文化保护传承弘扬的重要工程，起到"长城+"示范引领作用。完善基础设施建设。山西省长城一号旅游公路首批建成路段已正式启用（2019），串联了沿线 86 个村庄 8.43 万人口、农林文旅康示范村 2 个，主要包括步道、骑行道慢行系统，观景台、自然绿化景观、人造景观等景观系统，服务区、驿站、汽车营地、游客集散中心、信息服务等服务系统。开展博物馆建设，甘肃嘉峪关新建的一座长城博物馆（2019）基本完工；宁夏盐池实施长城关博物馆建设项目（2019）。结合美丽乡村建设。天津段建设保护规划与下营镇乡村振兴规划相结合，张家口段推动改造元宝山村、南天门村、菜市村、四岔村 4 个村建设，打造炮梁乡金家庄村、砖楼村和赤城镇浩门岭村旅居村，构建长城文化经济带，形成"造血扶贫"新路径。

三、北京市公布长城文化带保护发展规划

为落实《北京城市总体规划（2016—2035 年）》中完善历史文化名城保护体系的重点任务，2019 年 3 月 25 日，北京市推进全国文化中心建设领导小组印发《北京市长城文化带保护发展规划（2018

年—2035 年)》①。规划遵循文物遗产保护与生态涵养并重原则，首次界划了北京长城文化带的空间范围，总面积为 4929 平方千米，接近北京全市面积近三分之一。其中核心区为长城的保护范围和一类建设控制地带，面积为 2228.02 平方千米。规划主要内容包括规模与空间布局、保护长城遗产、修复长城生态、传承长城文化、增进民生福祉、保障措施与协同机制等 5 个部分，为促进北京长城的全面保护和科学利用、长城文化的发展和传承提供重要遵循。

在 5 大核心片区之一的延庆，2019 年北京世界园博会、2022 年冬奥会选址于此，将"长城脚下的世园会""长城脚下的冬奥会"作为最大亮点，分年度统筹部署长城修缮加固（见第三章）、数字档案建设、中国长城博物馆建设、长城古驿道连通，将区域长城文脉、交通动脉和生态绿脉"三线合一"优质资源整合规划，保护修复传承并重。

第二节　长城八批国保扩展，地方法规完善

一、一批长城点段公布为全国重点文物保护单位

2019 年 10 月 7 日，国务院核定并公布第八批全国重点文物保护单位，河北省和山西省、陕西省长城部分点段与现有全国重点文物保护单位合并。其中，山西省山阴县、岢岚县、繁峙县、宁武县的长城新广武村段、荷叶坪—王家岔段、竹帛口段、阳方口段（北齐、明）古遗址并入第五批全国重点文物保护单位长城；河北省涿鹿县长城马水口段、怀来县样边段、秦皇岛市海港区板厂峪段统一并入第五批全国重点文物保护单位长城，陕西省的战国魏长城黄龙段、战国魏长城合阳段并入第四批全国重点文物保护单位魏长城遗址。

二、长城保护地方法规体系不断完善

在长城保护管理体制不断完善的基础上，长城沿线各省（自治区、直辖市）根据本地长城特点和工作实际，启动各级长城保护管理法规建设工作。《甘肃省长城保护条例》颁布实施②，《河北省长城保护条例（草案）》编制。北京市延庆区文化和旅游局发布了针对长城保护员的《北京市延庆区长城

---

① 《北京市长城文化带保护发展规划》公布 520 千米长城串起 2873 处资源点，北京市人民政府网，2019 年 04 月 17 日，http://www.beijing.gov.cn/gongkai/guihua/lswj/ghjd/201907/t20190702_100985.html。

② 省政府新闻办举行《甘肃省长城保护条例》颁布实施新闻发布会，甘肃省文物局官网，2019 年 6 月 19 日，http://wwj.gansu.gov.cn/content/2019/13751.html。

保护员管理办法（试行）》①。

截至 2019 年底，全国现行涉及长城各级专门法规和规范性文件的共有 28 部（详见附件 2）。除国家级法规以外，北京、河北、内蒙古、辽宁、黑龙江、山东、陕西、甘肃等 8 个省（自治区、直辖市）颁布有长城专门法规和规范性文件。

其中，《甘肃省长城保护条例》是全国首个长城省级专项法规。该条例首次明确对长城的巡查制度，规定县级文物部门每年对本行政区域内的全部长城段落至少巡查一次，地处偏远地区、多年得不到管护的长城将得到有效监管和保护。该条例体现出四个方面的特色和亮点②：

第一，对长城保护的要求更加严格。《条例》明确长城保护坚持"科学规划、原状保护、属地管理"的总体原则，对长城保护提出了比上位法更加严格的要求。在禁止性规定中，涉及长城本体的，在国务院《长城保护条例》的基础上，结合甘肃省实际，增加了不得"开沟、挖渠""养殖、放牧""擅自攀爬、踩踏""依托长城建造建筑物、构筑物"等内容（第 15 条）；还创新性地增加了长城保护范围内的禁止事项，规定不得在长城保护范围内"从事爆破、钻探、挖掘、开山、采石采砂、探矿采矿、堆放垃圾、修建坟墓等活动；挪动、损毁、刻划、涂污、攀爬长城保护标志及保护设施"（第 16 条）。

第二，对长城保护的责任更加明晰。明确了县级以上人民政府长城保护的主体责任、各级文物主管部门的综合监管责任及其他相关部门的行业监管责任（第 4 条），省人民政府应当为本省行政区域内的长城段落确定保护机构；长城段落有利用单位的，该利用单位可以确定为保护机构。长城所在地县（市、区）和嘉峪关市人民政府应当明确本行政区域内每个长城段落的保护管理直接责任单位并向社会公布（第 13 条）；同时，针对甘肃省绝大多数长城段落没有专门管理机构的问题，为了切实将保护责任落到实处，明确要求"长城保护所在地县（市、区）和嘉峪关市人民政府或者其文物主管部门，可以聘请长城保护员对长城进行巡查、看护，并为其提供必要的巡查、看护工具，工资报酬可以参考当地最低工资标准，其所需经费纳入长城保护经费"（第 14 条）。

第三，对长城保护的措施更加明细。关于"四有"工作，《条例》第 10 至 13 条提出了明确要求和具体标准；关于区划管控，第 17 至 19 条进行了详细规定；关于执法巡查，第 20 条规定县级文物部门每季度对长城的执法巡查不少于一次，每年对本行政区域内的全部长城段落至少巡查一次，为甘肃省首创；关于报告制度，第 13 条规定"长城段落直接责任单位依法组织开展长城保护管理工作，加强日常巡查和看护，减缓自然因素对长城的毁损，发现长城段落及防护设施自然毁损或者人为破坏的，应当立即采取措施，并及时向所在地县（市、区）或者嘉峪关市人民政府文物主管部门报告。"

---

① 北京市延庆文物管理所提供。
② 甘肃省文物局局长马玉萍谈《甘肃省长城保护条例》四大特色亮点，甘肃省文物局官方微信，2019 年 6 月 19 日。

第四，对长城利用的原则更加明确。明确长城利用遵循"合理适度、公益优先、可持续"的原则，针对甘肃省长城保护研究挖掘不够、利用不充分的实际，第23条规定"长城所在地县级以上人民政府文物主管部门、长城保护机构应当加强同有关科研单位、院校和组织的交流与合作，开展长城保护科学研究，挖掘长城价值内涵，提高长城保护研究水平。"针对甘肃省社会力量参与长城保护不够积极广泛的情况，第25条规定"鼓励支持公民、法人和其他组织依法通过捐赠、资助、认领、志愿服务等方式参与长城保护；鼓励建立长城保护利用示范区、长城文化公园等保护利用模式。"第26条还规定了将长城段落辟为参观游览区应具备的条件和要求，第25条明确规定"不得将长城转让、抵押或者作为企业资产经营，不得将长城保护机构交由企业管理。"

除法规外，各级政府以各种文件形式加强文物保护工作，其中一些省级政府发布了涉及长城的专门文件，促进了长城保护工作的整体提升。例如，青海省人民政府发布《关于加强青海明长城保护管理工作的意见》[①]。

第三节　长城违法案件查处督办

2019 年，国家文物局继续深入贯彻习近平总书记关于文物工作重要指示批示精神，落实《关于进一步加强文物保护利用改革的若干意见》《关于进一步加强文物安全工作的实施意见》要求，不断提高文物行政执法能力，包括对破坏长城本体及历史风貌的违法犯罪案件进行督查督办。

根据国家文物局发布的《第三批全国文物行政执法指导性案例》[②]，在全国范围14个具有示范作用的典型案例中，有1例为长城案例。

案例 2 - 1　车辆碾压长城案[③]

2019 年 4 月，甘肃省酒泉市瓜州县文体广电和旅游局接到长城保护员电话，称县供水厂水源区域内汉长城附近有挖掘机在施工。经执法人员现场调查发现，在瓜州县供水厂水源地区域内的北干沟长

---

① 青海颁布实施《关于加强青海明长城保护管理工作的意见》，金投网，2019 年 9 月 29 日，https：//cang. cngold. org/c/2019 - 09 - 29/c6603914. html。

② 国家文物局自 2015 年至今已举办三届全国文物行政执法指导性案例遴选活动，通过各省推荐、专家评审、实地复核等，最终确定入选案例。旨在充分发挥指导性案例的示范和警示作用，指导地方提高文物依法行政水平，加强文物行政执法规范化建设，推进文物治理体系和治理能力现代化。

③ 本案例由甘肃省文物局梁建宏提供，系根据国家文物局 2019 年《第三批全国文物行政执法指导性案例》整理，参见国家文物局官网 http：//www. ncha. gov. cn/art/2020/1/7/art_722_158186. html。

城遗址 6 段第十自然段西侧，长城坍塌呈沙梁，在沙梁北侧斜坡边缘有挖掘机碾压的车辙印。经对车辆驾驶员初步询问，确认系某建筑安装有限责任公司施工车辆在绕行时碾压所致。瓜州县文体广电和旅游局立即立案调查，依法下达了责令整改通知书，进行了认真细致的现场调查取证，确认当事人违法事实成立。经研究决定，根据《甘肃省文物行政处罚自由裁量参照执行标准》对当事人给予罚款 5 万元的行政处罚，并责令改正。某建筑安装有限责任公司主动缴纳了罚款，并积极配合文物部门认真进行整改，恢复了长城遗迹周边环境风貌。

该案例处理中，办案单位和执法机构均为甘肃省酒泉市瓜州县文体广电和旅游局。法律法规依据主要有：《中华人民共和国文物保护法》第六十六条；《长城保护条例》第二十七条；《甘肃省文物行政处罚自由裁量参照执行标准》第二十九条。

长城分布范围广、保存环境复杂，管理保护难度大。本案涉及的土质类长城，更容易受到工程建设、取土、农田水利等人为因素的破坏。当地长城地处偏远、人迹罕至，监管难度大，该案线索是长城保护员在日常巡查中发现，及时通报文物行政部门，文物部门细致调查，收集证据，充分利用地方法规严格执行，切实维护法律权威。也充分体现了长城保护员的重要性。当事人在文物部门的宣传教育下，主动承担违法后果，接受行政处罚，积极配合整改，充分体现了行政处罚中的处罚和教育的双重目标。

此类典型案例的发布和解说，对于长城保护与执法具有积极的示范意义，能够为基层部门的管理和执法提供借鉴和支持，同时对于社会涉及长城的相关行为也可以起到警戒或宣教的作用。

第四节　长城保护员培训走向专业化

近年来，长城保护培训工作重点面向长城保护员，不断规范培训内容，优化组织流程，创新教学手段，聘请专业机构提供培训服务，提高培训质量。2019 年，北京市密云区、平谷区、怀柔区、昌平区，天津市蓟县，河北省赤城县、滦平县、兴隆县、遵化市，陕西省神木县等市区县，开展了长城保护员及基层文物工作者培训。

培训工作中，多地文物部门与社会组织合作，由其提供更为专业的培训服务。其中，长城小站自 2019 年起，已经为北京市延庆区、密云区、怀柔区、平谷区、河北省赤城县等 5 个区县，共 577 名专（兼）职长城保护员及基层文物工作者，实施了体系化、专业化、规范化的业务培训。长城小站组织志愿者深入长城沿线各乡镇，与长城保护员面对面交流，切实了解需求，同时积极加强与长城专业研究机构的沟通协作，不断总结经验，探索适宜基层长城保护员特点的培训内容和教学手段，形成了较为科学、高效、专业的培训服务方案。另外，北京市平谷区文物系统组织对 194 名报考的长城保护员进行笔试、面试和体能测试，获得了基层文保部门的广泛认可。

图 2 - 2　河北省滦平县金山岭长城保护员培训现场

第五节　基层长城保护管理机构和队伍需要加强

长城作为超大型跨区域遗产，其保护管理机构体系构成十分复杂，其保护管理机构的能力建设直接影响到长城保护工作的质量和水平。与其他世界文化遗产地基本均建有专门保护管理机构①不同，长城保护管理以区域性文物行政机构或文物保护管理机构为主，专门保护管理机构数量仅占 8% 左右，以县级文物机构等基层保护管理机构为主力，占总数量的近 80%。

2018—2019 年文化和旅游合并，文物管理机构发生很大变化。很多地方长城保护管理人员本来就不足，职能合并后专职人员更少，特别是熟悉长城情况的专业人员不足，有的一人身兼数职，有的因各种原因调走，工作衔接存在很大问题。

下面结合前期对长城保护管理机构的调研情况，分析基层保护管理机构的现状。

根据前期调研情况，长城沿线的管理机构大致情况为：15 个省（区、市）、97 个地级市、404 个县共有直接参与长城保护的文物行政部门、专业机构、单位共 523 个。其中，省级文物行政部门 15 个，地市级文物行政部门、保护管理机构和相关单位 97 个，县级 411 个，长城所在地专门保护管理机构 43 个②。

---

① 据《中国世界文化遗产 2019 年度保护状况总报告》，截至 2019 年底，108 处世界遗产地，有保护管理机构 136 个。
② 中国文化遗产研究院编著《爱我中华，护我长城》文物出版社 2017 年。

尽管我们无法全面掌握长城沿线各县级行政区文物行政机构和文物保护管理机构改革前后的变化情况，但其中 15 个省级行政区和各地市文物行政机构改革前后变化情况已经十分说明问题。统计结果（表2－1）表明，虽然长城省级文物行政部门有所加强，但市区文物行政部门机构建设相对较弱，单设文物局由之前 61 个减少到目前的 12 个，与文化旅游部门合署办公（挂文物局牌子）由之前的 62 个增加到目前 116 个，在文化旅游等部门内设科（室）由之前的 49 个增加到现在的 56 个，未设文物局、也未在文化旅游等部门内设科（室）的现象，仍在北京、天津、河北、吉林、黑龙江等 5 省市的地市级存在。

表 2－1　长城沿线各地机构变化统计表①

文物行政机构情况	行政层级	2019 年前	2019 年后
单设文物局	省级	9	8
	地市级	61	12
与文化旅游等部门合署办公（挂文物局牌子）	省级	4	7
	地市级	62	116
在文化旅游等部门内设科（室）	省级	1	0
	地市级	49	56
既无文物局，也未在文化旅游等部门内设科（室）	省级	0	0
	地市级	19	7

在很多地区，基层文物保护管理机构队伍一直十分薄弱。例如，山西省大同市阳高县文物管理所，20 多年以来都是只有一位文管所所长在工作，也曾分配过刚毕业的人员，但是不久后都去了税务、公安等其他单位。越到基层，文物行政机构职能大部分合并至文化和旅游部门，专门承担文物行政管理职能的部门和人员减少。个别地方的文物保护管理机构得到加强，如甘肃省嘉峪关市成立了嘉峪关丝路（长城）文化研究院（案例 2－2），而大部分地方的文物保护管理机构则减编严重，如绥中县曾经设有专门长城保护管理机构，在全国都不多见，但 2019 年后该机构被撤销，人员也大幅减少（案例2－3）

案例 2－2　甘肃省嘉峪关市文物管理部门变化情况②

2018 年前，嘉峪关市文物局为市政府组成部门，内设办公室、文物科、安全督查科，计划财务中心 4 个科室，行政编制 6 名，事业编制 1 名。2018 年后，嘉峪关市文物局、文化局、旅游局合并为嘉

---

①　该数据根据国家文物局委托项目《〈关于进一步加强文物安全工作的实施意见〉的实施情况评估》课题数据整理，截至 2019 年 5 月。

②　案例由甘肃省嘉峪关丝路（长城）文化研究院长城保护研究所张斌提供。

峪关市文化和旅游局，加挂嘉峪关市文物局牌子，下设与文物工作相关的只有文物科，编制 4 人。

之前嘉峪关市文物局有两个下属单位。其中嘉峪关世界文化遗产监测中心为正县级全额拨款事业单位，事业编制 9 名；嘉峪关文物景区管理委员会为副县级自收自支事业单位，含长城博物馆、关城文物管理所、新城魏晋墓区文物管理所、长城第一墩文物管理所、悬臂长城文物管理所，共有事业编制 125 名。

2019 年底，嘉峪关市将文物保护与旅游经营分开。经嘉峪关市委常委研究、甘肃省编办和甘肃省文物局批复同意成立嘉峪关丝路（长城）研究院（以下简称嘉峪关研究院），为嘉峪关政府直属的事业单位，也是与嘉峪关市文物局、嘉峪关大景区管理委员会平级的正处级单位。其中，市文物局对其进行业务指导和行业监管；大景区管理委员会依据市文物局与嘉峪关研究院的授权，在景区范围内开展适度合理的旅游项目，嘉峪关研究院支持大景区管理委员会开展相关旅游活动。

研究院内设机构为全额拨款事业编制，13 人。包括办公室、外事联络部（旅游文化交流中心）、杂志社。研究院下设机构为自收自支事业单位编制，91 人。包括长城保护研究所（24 人）、魏晋墓保护研究所（12 人）、黑山岩画保护研究所（8 人）、丝绸之路文化研究所（8 人）、西域民族文化研究所（8 人）、边塞文化研究所（8 人）、文化遗产监测中心（13 人）、长城博物馆（10 人）。

案例 2-3　辽宁省葫芦岛市绥中县文物机构变化情况[①]

辽宁省葫芦岛市绥中县是长城资源大县，辖区内有长城 131.8 千米，敌台 66 座，烽火台 86 座，关堡 11 处。其中锥子山长城被誉为中国最美野长城。另外，绥中县有全国重点文物保护单位 6 处（含长城），省级重点文物保护单位 20 处，市县级文物保护单位 13 处，不可移动文物点 345 处。

经过 2019 年，绥中县文物行政主管部门科室从 4 个减少为 1 个，人员从 15 人减少为 4 人。事业单位由原来的 6 人专门从事长城保护管理工作，现在 5 人负责全县的不可移动文物保护管理工作（九门口除外）。长城日常保护管理、巡查、档案建设等工作人员严重不足。具体情况如下：

之前绥中县文物局为单设文物局，有局长 1 名，副局长 2 名，下设 4 个科室，包括办公室、文博管理科、法规与执法督察科、规划利用科，编制 15 人。2019 年后，绥中县合并成立文化旅游和广播电视局，加挂文物局牌子，下设与文物相关的 1 个文物科（2 人），包括 1 名局长、1 名分管副局长在内共 4 人。

之前绥中县文物局有 4 个下属独立机构，分别是绥中县文物保护管理所（含博物馆，12 个编制）、绥中县长城文物管理处（6 个编制）、九门口长城管理处（35 个编制）、姜女石遗址管理处（6 个编

---

①　案例由辽宁省葫芦岛市绥中县文化和旅游事务管理中心文物保护办公室王建华提供。

制）。2019 年后，成立绥中县文化和旅游事务管理中心，下设文物工作相关的非独立机构包括文物保护办公室（对应原绥中县文物保护管理所、长城文物管理处、姜女石遗址管理处职能，博物馆职能分出，现有 5 人）、世界文化遗产地管理处（对应原九门长城管理处，现有 35 人）、博物馆（负责可移动文物管理，现有 10 人）。

地方市县文物行政机构和编制大幅撤并整合，干部队伍萎缩，人手少，任务重，造成管理缺位、管理乏力。对于各地长城而言，既是世界文化遗产的组成部分，又是跨地区全国重点文物保护单位、省级重点文物保护单位等整体文物保护单位的组成部分，其保护管理的层次要求更多、标准更高、协调更复杂，对保护管理机构的职责要求不同于一般文物保护单位，对工作人员的专业性和延续性要求也更高。近年来长城保护也越来越多地受到中央和各级政府的重视，长城文化公园建设等重大任务不断，因此建议重视长城保护管理机构建设和队伍能力建设，推进落实保持基层文博机构队伍稳定的政策举措，为长城保护管理和传承利用提供有力保障。

第三章　长城保护工程项目管理与预防性保护

2019 年，长城保护维修项目按照国家文物局文物保护项目审批流程有序开展。自 2017 年优化项目审批以来，各地在长城保护维修项目的申报上不再追求数量，前期的研究评估更加充分，申报材料质量有所提高。地方长城保护管理机构继续探索，开展日常养护、无人机技术等应用于监测，长城预防性保护取得了良好效果。2019 年文化和旅游部、国家文物局联合发布《长城保护总体规划》，在国家启动长城国家文化公园建设等背景下，长城保护理念在法规层面上得到确立并更加科学、深入地得到实际运用。

第一节　长城保护维修项目数量平稳、质量提升

目前，长城保护维修项目由国家文物局集中审批计划，部分涉及长城国保单位、长城重要点段的保护维修设计方案由国家文物局组织专业机构或专家评审，其余维修设计方案均由省级文物行政部门组织评审批复。

由于行政审批权下放，很难全面掌握长城沿线省份长城保护维修项目审批情况，本报告主要对由国家文物局审批的长城立项计划和保护维修设计方案进行分析。

2019 年，长城保护维修项目立项计划和保护维修方案审批总体情况如下：

一、长城保护维修项目立项审批情况

从整体上看，2019 年全国长城保护维修项目申报立项数量较 2017、2018 年有较大幅度减少，但立项计划通过率逐年提高。说明各地项目申报更注重科学性，充分研究、评估了本地区长城的保存状况及开展保护维修的必要性。

2019 年，长城沿线各地共向国家文物局申报长城保护维修项目立项计划 36 项，其中同意批复立

项 10 项，通过率为 27.8%（表 3 - 1、图 3 - 1）。

表 3 - 1　2017—2019 年长城保护项目立项批复情况统计表①

年度	已通过	未通过	合计	通过率
2017	15	71	86	17.4%
2018	16	48	64	25.0%
2019	10	26	36	27.8%

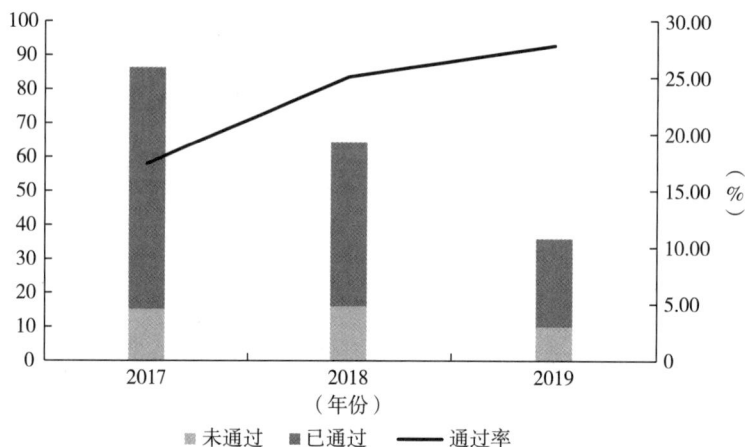

图 3 - 1　2017—2019 年长城保护项目立项批复情况统计

2019 年，各地申报长城保护维修项目计划共计 36 项，远远低于 2017、2018 年的 86 项和 64 项。2019 年的批复率为 27.8%，与 2017 年和 2018 年立项计划批复率 17.4% 和 25% 相比逐年提高。

从地域分布情况看，长城沿线各省立项计划批复情况差异较大。2019 年，长城沿线 15 个省级区域中有 8 个省份申报了长城保护维修立项计划，其中甘肃、宁夏、山东、辽宁批准立项 1—4 个不等，内蒙古、陕西、山西、河北申报项目计划未获得批准。在提交申报计划的 8 个省（区市）中，除宁夏计划批复率达到 50% 外，其他 3 个省区批复率在 33% 到 38% 之间（表 3 - 2）。

表 3 - 2　长城沿线 2019 年长城保护项目立项情况分区域统计表

序号	行政区划	已通过	未通过	总计	通过率
1	河北	0	3	3	0.0%
2	山西	0	2	2	0.0%
3	内蒙古	0	2	2	0.0%

---

①　根据国家文物局文物保护与考古司年度全国重点文物单位保护项目（不含安消防）计划统计。

序号	行政区划	已通过	未通过	总计	通过率
4	陕西	0	3	3	0.0%
5	辽宁	1	2	3	33.3%
6	甘肃	4	7	11	36.4%
7	山东	3	5	8	37.5%
8	宁夏	2	2	4	50.0%
总计		10	26	36	27.8%

为分析长城保护维修项目储备情况，本报告对 2017—2019 年各地立项计划批复情况进行综合分析。2017—2019 年，甘肃累计批复立项计划超过 10 项，内蒙古、宁夏、山东、陕西、河北、新疆累计批复 3—6 项，北京、青海、辽宁为 1 项，山西、吉林 3 年内申报立项未获批准，天津、河南、黑龙江 3 年内未申报立项计划。

表 3－3　2017—2019 年长城沿线各省批复立项计划情况统计表①

序号	行政区划	2017	2018	2019	总计
1	甘肃	3	4	4	11
2	内蒙古	3	3	0	6
3	宁夏	2	2	2	6
4	山东	1	0	3	4
5	陕西	3	1	0	4
6	新疆	0	4	0	4
7	河北	2	1	0	3
8	北京	1	0	0	1
9	青海	0	1	0	1
10	辽宁	0	0	1	1
11	山西	0	0	0	0
12	吉林	0	0	0	0
13	天津	未申报			
14	河南				
15	黑龙江				
总计		15	16	10	41

---

① 其中黑龙江、天津、河南未申报。

从长城保护维修工程类型分析，2019 年批复的项目主要类型为修缮项目，在 10 项通过审批的项目中有 9 项修缮项目，占批复项目的 90%；监测项目 1 项。抢险加固项目、保护设施、保护展示类未获批准，环境整治、信息化、载体保护类项目未申请（图 3-2）。

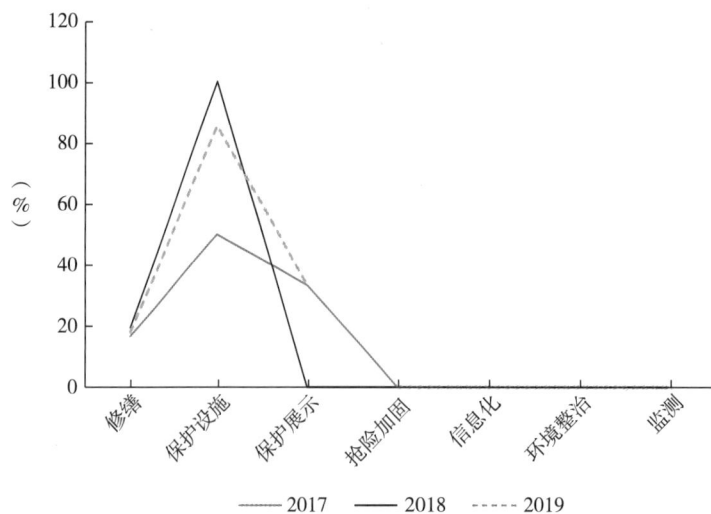

图 3-2　2017—2019 年各类项目批复通过率

与 2017—2018 年比较来看，2019 年批复通过立项的两类项目—修缮、监测类项目的立项批复率有了大幅提升，但保护设施、保护展示类项目批复率下降幅度较大，抢险加固类项目批复率仍旧没有突破。

二、国家文物局审批长城保护维修方案情况

2019 年，由国家文物局审批的长城保护维修方案共计 13 项，其中批复通过 10 项，未通过 3 项。与 2017 和 2018 年相比，保护维修方案审批数量有所减少，但批复通过率逐年提升（表 3-4、图 3-3）。

表 3-4　2017—2019 年国家文物局审批长城维修方案情况统计表

年度	已通过	未通过	总计	通过率
2017	18	34	52	34.6%
2018	18	6	24	75.0%
2019	10	3	13	76.9%
总计	46	43	89	60.1%

从各省批复情况来看，2019 年国家文物局审批的长城保护维修设计方案涉及 5 个省份，其中河北和北京最多，批复通过的方案数量也最多，两地上报总数和通过项目方案数量均占全国 80% 以上。另有内蒙古、陕西 2 个省（自治区）有 1 个长城维修方案获得批复通过（表 3-5）。

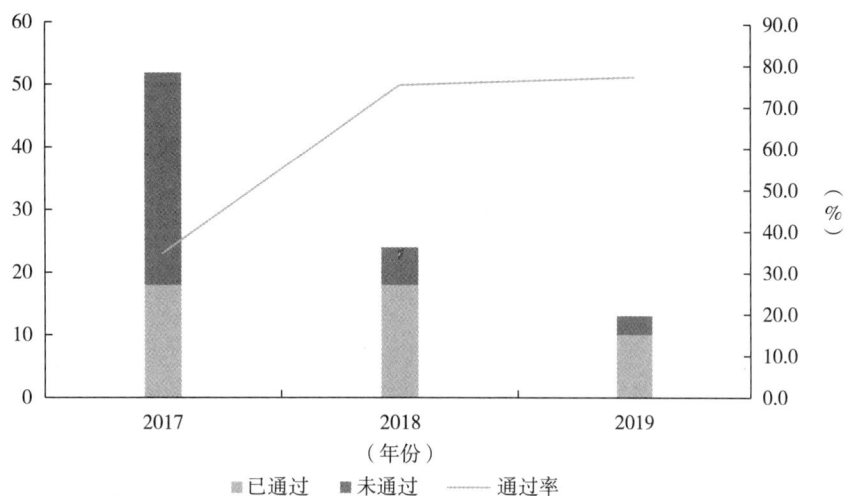

图 3 - 3　2017—2018 年长城保护方案批复情况示意图

表 3 - 5　2019 年国家文物局审批长城维修方案地区分布统计表

序号	行政区划	已通过	未通过	合计	通过率
1	北京	4	0	4	100.0%
2	河北	4	1	5	80.0%
3	内蒙古	1	1	2	50.0%
4	山东	0	1	1	0.0%
5	陕西	1	0	1	100.0%
合计		10	3	13	76.92%

从保护维修项目方案情况分析，2019 年国家文物局审批通过的长城保护维修工程方案的类型主要包括保护维修、抢险加固两类（含保护维修设计变更 1 项），保护设施、载体保护、保护展示等项目类型无申请方案（表 3 -6）。

表 3 - 6　2019 年长城保护维修方案类型批复统计表

工程性质	已通过	未通过	总计	通过率
保护维修	8	2	10	80.0%
抢险加固	2	1	3	66.7%
总计	10	3	13	76.9%

综合 2017 -2019 年长城保护项目批复情况，3 年累计批复通过保护维修项目 24 项、抢险加固项目 19 项，保护设施项目 6 项。其中保护维修项目数量除 2019 年有所上升处，其他类型项目基本呈持平趋势，抢险加固项目呈逐年下降趋势，保护设施项目 2019 年为零申报，降幅较大（表 3 -7）。

表 3 – 7 2017—2019 年批复通过长城保护维修方案工程性质统计表

工程性质	2017	2018	2019	总计
保护维修	7	7	10	24
抢险加固	10	6	3	19
保护设施	1	5	0	6
总计	18	18	13	49

2019 年，国家文物局批复通过的长城保护维修方案涉及墙体 1.7 千米，关堡 2 座，敌台 20 座。

表 3 – 8 2017—2019 年批复通过方案长城遗存数量统计表

年度	墙体（千米）	关堡（座）	烽火台（座）	敌台（座）
2017	16.8	10	26	17
2018	20.1	8	0	19
2019	1.7	2	0	20
总计	38.6	20	26	56

"最小干预""不改变文物原状"等已经成为长城保护维修秉承的基本理念和原则。长城保护维修以考古工作为先导，以现代科学技术手段为重要辅助，开拓性地解决了不同赋存环境下长城保护维修的新课题，尤其是将工程维修与"展示利用""社会参与"等相结合，取得了良好的社会效益。2019年实施的河北潘家口长城二期维修工程即公众所熟知的"水下长城"保护维修，探索了长城保护面临的"新课题"。为解决水下环境的长城保护维修难题，该项目在勘测方法、技术手段、工程项目管理等方面都做出了重要的尝试。除此之外，水下长城的保护维修备受社会关注，为了调动社会力量参与长城保护的积极性，工程现场设置了标注工程不同标段的二维码，公众可通过扫描二维码了解长城保护维修的全过程（案例 3 – 1）。

案例 3 – 1 潘家口长城二期维修工程①

潘家口长城位于河北省迁西县和宽城满族自治县交界处，始建于明朝洪武年间。1973 年，为引滦入天津、唐山开始在潘家口外面两山之间筑起大坝，1975 年开工，1979 年蓄水。潘家口关及关城被水淹没，潘家口区域蓄水深度为 40—60 米，山形水系发生较大变化，山脊成了孤岛，部分长城被淹没到水下，形成了独特的水下长城。随着水位变化，水下长城时隐时现，成为新的景观。

2016 年 9 月 1 日，中国文物保护基金会与腾讯公益慈善基金会开展了"保护长城、加我一个"募

---

① 案例由河北省古代建筑研究所张建勋提供。

捐活动，确定将募集款项用于喜峰口西潘家口段长城修缮，项目分为两期。

2019 年 3 月，国家文物局批准喜峰口二期工程设计方案，2019 年 8 月通过竞争性磋商确定施工单位为河北省古代建筑保护研究所。二期包括 3 个敌台，2 段墙体，总长度 1005 米。2019 年 9 月正式开工，2020 年 11 月完成总工程量的 80%，预计在 2021 年完成施工。

潘家口长城的保护维修在新技术应用、维修方法、项目管理、公众参与等方面都做出了重要探索和实践。

注重新技术成果应用。河北省古代建筑保护研究所安排专业技术人员对此段长城进行现场勘测调查，对灰浆材料取样检测分析，会同河北省水利勘察院完成了此段长城无人机倾斜摄影测量、声纳水下城墙测量、区域地形图测量，委托河北省建筑科学研究院，完成了墙体勘察检测评估工作，并编制了《河北省喜峰口西潘家口段长城综合勘察、稳定性分析评估报告》。在上述工作基础上，编制完成了《河北省喜峰口西潘家口段长城 4 号敌台及两侧城墙保护维修工程设计方案》。

着力解决维修保护难题。潘家口长城中"水下长城"是长城保护维修中面临的"新课题"。"水下长城"的破坏成因多数是水库水面涨落，水浪对文物本体的淘蚀及涌浪冲击，加上对底部基础及岩体冲刷，造成长城本体的黏结物失效，本结构体松散。长时间的侵蚀冻融，使得墙体多处坍塌、孔洞、滑坡。针对此种病害，为了更好地保护好长城本体遗存，施工中采用局部补砌的方式护住长城本体的松散台芯，将水下部分散落的毛石及碎石台芯归位，再采用锌铝合金的丝网对长城本体进行锚固维护，更好地保护了长城的原形制及其相关遗迹。对高水位时淹没区的坍塌部位，清理出原始毛石墙的位置，夯实基础后，采用防水新材料对基础进行加固砌筑，然后砌筑毛石墙对碎石夯土台芯进行围护，对坍塌滑坡导致散落的碎石进行捡拾回填，在长城两侧重点部位采用锌铝合金丝网制作石笼进行锚固维护，使得高水位时水面对本体冲击时直接作用在毛石笼子上，避免水浪对长城本体直接掏蚀冲刷。

采取科学规范的工程管理措施。通过建立微信群的方式，由工程技术人员将包括隐蔽工程在内的每一步工序进行拍照和文字记录，便于甲方单位、设计方单位及监理单位对工程实时监控，加强工程质量控制。另外，在五牌一图的基础上，采用二维码识别的方法，对长城保护维修的全过程进行展示，使更多人参与其中。针对水下长城保护维修工期有限的特殊性，及时调整长城维修措施。根据现场实际情况，本着以保护长城本体结构安全及其相关遗迹的保护理念，工程组织实施先对结构安全危险地带进行维修，处理枯水期裸露长城墙体及结构濒临坍塌的危险墙体。工程组织上，将施工队伍分成 3 个组，其中一组专门负责向另外两组供料倒运，以加快长城保护维修的实施。另外，项目实行"设计、施工一体化"，由河北省古代建筑保护研究所同时承担设计和施工任务，便于及时沟通协调，解决施工过程中遇到的问题，保证设计理念和意图能够完整、准确地贯彻落实。

积极拓宽公众参与途径。在施工过程中，多次邀请国内长城保护专家到现场检查指导维修工作。中国文物保护基金会组织捐赠家庭进入项目现场，由专家带领，在确保安全并不对施工造成影响的前提下，踏勘修缮现场，了解长城保护知识；通过新闻媒体对项目实施情况进行深入报道，由腾讯公益基金组织拍摄的该段长城修缮的纪录片《筑城纪》将在近期播出，将向公众全方位展示长城修缮的过程。

图 3-4　二维码标识的施工总平面图

图 3－5　局部工程实施效果前后对比
（图片来源：河北省古代建筑研究所）

三、统筹规划长城保护项目

为落实北京市政府长城文化带工作加强日常养护巡查和保护，确保长城文物安全的重要指示精神，自 2017 年以来北京市文物局要求相关区梳理、上报亟待抢险加固及媒体关注的濒危点段。2019 年，国家文物局和北京市文物局密切合作，统筹策划北京长城保护维修项目。2019 年初，北京市通过召开专题会议、各区组织项目遴选、专家实地踏勘等方式，对北京长城沿线 6 区抢险项目进行汇总分析、确定抢险方案，经报国家文物局批复同意①将亟需进行抢险的怀柔区、密云区、延庆区共 10 项任务列入《长城文化带建设组 2019 年度折子工程》。

---

① 《北京市文物局关于切实加强长城险情段落抢险计划项目的请示》，（京文物〔2019〕230 号）。

2019 年 3 月 5 日—7 日，国家文物局委托中国文化遗产研究院组织有关专家赴密云、怀柔、延庆三区，对 10 处上报的长城险情逐项进行实地踏查评估。检查组通过听取当地文物主管部门情况介绍、实地踏查、现场质询等方式开展工作，并提出了抢险工作建议。

专家组现场评估险情状况，针对不同点段面临的损毁风险对开展抢险或保护维修的临时措施、技术方法等提出建议，尤其强调前置考古勘察的必要性，以及结合结构分析，依据最小干预原则，科学合理设置加固结构体。抢险加固应为具有可逆性的外部临时加固措施，对近期不会对长城本体安全形成隐患的部位纳入下一步修缮工程范围。特殊情况下，外部加固措施无法解决安全隐患，可在局部采用传统做法进行有限修复，但应严格控制实施范围，为下一步修缮工程预留空间，同时避免后续维修工程时造成二次破坏。附加的支护、加固措施，在确保排除结构安全隐患的前提下，同时应考虑长城开放后游人的通达安全。

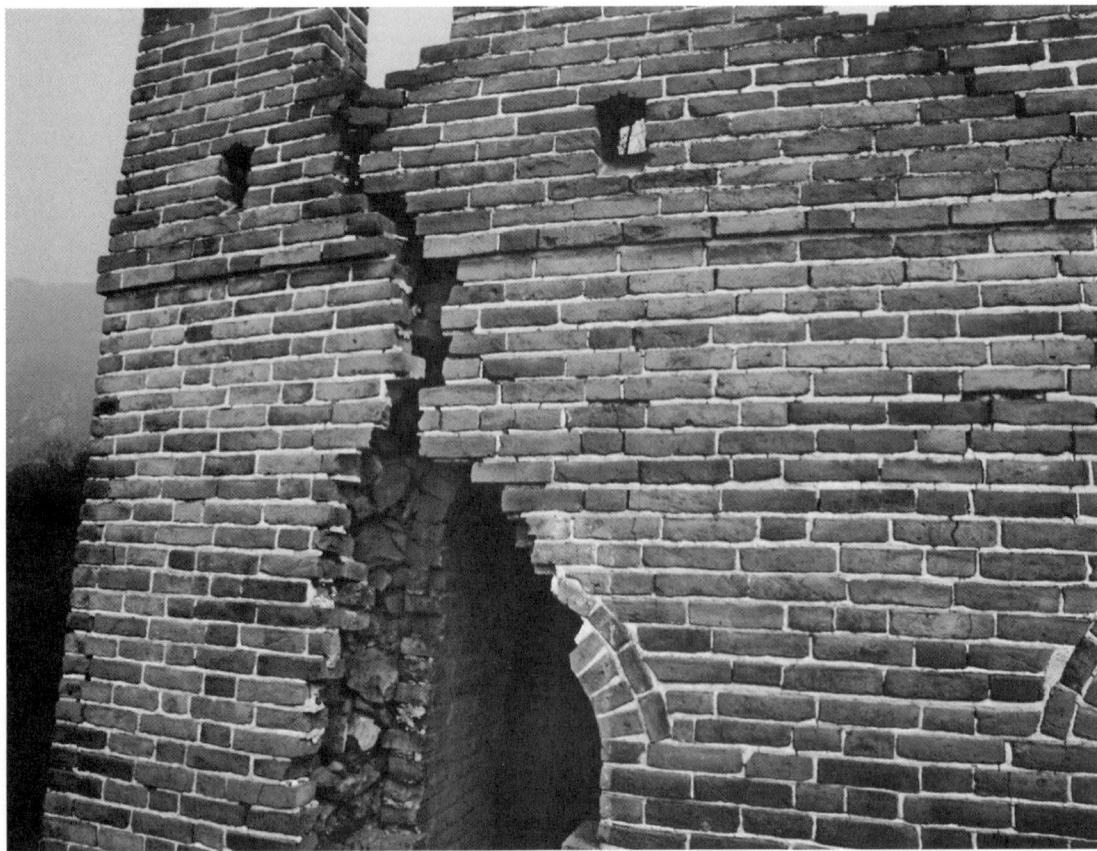

图 3-6 怀柔区渤海镇 202 号敌台西侧墙体歪闪险情现状

（图片来源：刘文艳拍摄）

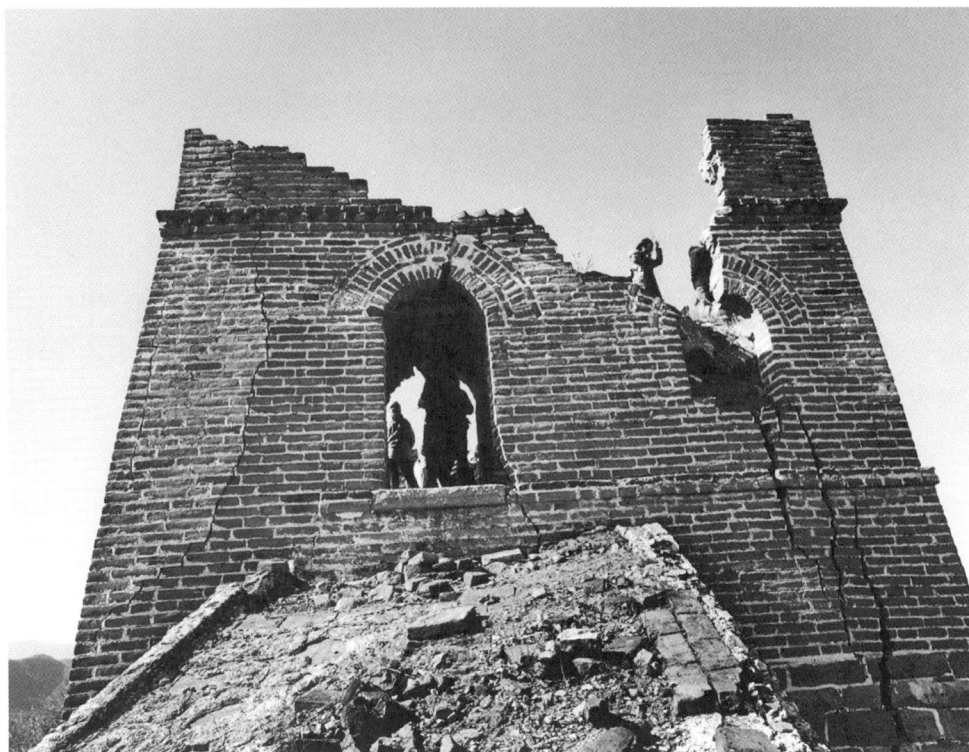

图 3 - 7　延庆 87 号台（东立面）
（图片来源：刘文艳拍摄）

图 3 - 8　仙女楼（西向东摄）
（图片来源：许慧君拍摄）

第二节　长城持续面临建设压力

2019 年，长城涉建项目申报审批数量与之前相比有较大幅度上升，批复通过率也有所提升（表 3 - 12、图 3 - 9）。2017 年至 2019 年 3 年间，国家文物局共审批长城涉建项目 133 项，其中批复通过 102 项，未批复 31 项，通过率为 76.69%。长城面临工程建设影响压力加大，国家文物局在科学评估建设项目对长城本体及其风貌影响的前提下，严格涉建项目的审批。

表 3 - 12　2017—2019 年长城涉建项目方案审批统计表

年度	已通过	未通过	总计	通过率
2017	31	11	42	73.8%
2018	24	13	37	64.9%
2019	47	7	54	87.0%
总计	102	31	133	76.7%

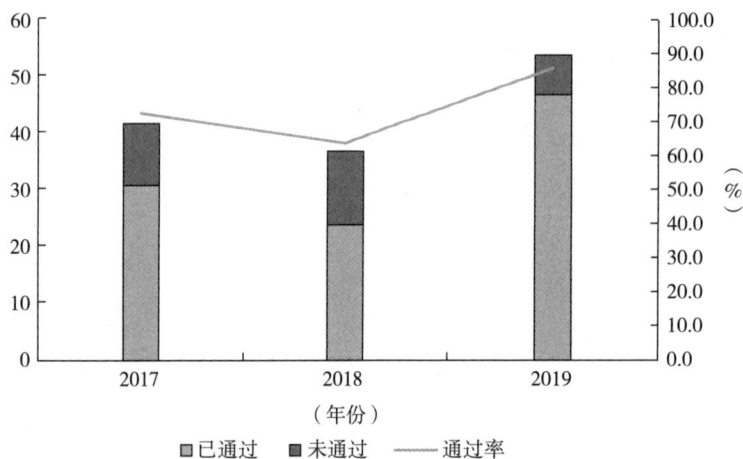

图 3 - 9　2017—2019 年长城涉建项目批复情况示意图

从地域来看，2019 年共有 8 个省的 47 项长城涉建项目获得批准，其中甘肃涉建项目获批数量最多，达 13 项。综合 2017—2019 年情况比较，北京、山西、内蒙古、河北、陕西、甘肃、宁夏等 8 个省份上报涉及长城建设项目 3 年累计超过 10 项，山东、吉林、青海、辽宁 4 个省份上报审批涉建项目 3 年累计 1—5 个之间，黑龙江、天津、河南、新疆 3 年无上报涉建项目（表 3 - 13）。

表 3-13 2017—2019 年各省上报长城涉建项目数量统计表

序号	行政区划	2017	2018	2019	总计
1	北京	5	3	9	17
2	河北	7	6	4	17
3	山西	3	1	6	10
4	内蒙古	6	5	4	15
5	辽宁	0	0	2	2
6	吉林	0	1	0	1
7	山东	1	3	1	5
8	陕西	8	6	10	24
9	甘肃	5	7	14	26
10	青海	0	2	1	3
11	宁夏	7	3	3	13
总计		42	37	54	133

近 3 年来，各地申报的长城涉建项目性质主要有基础设施项目、旅游项目、城乡建设项目、文物保护工程配套项目和采矿项目等五类。（详见表 3-14）

表 3-14 长城涉建项目工程性质分类表

工程性质	说明
基础设施项目	交通（公路、铁路）、通讯（电线）、输气管线等
旅游项目	与文物保护展示无关的休闲度假项目、旅游道路等旅游服务设施
城市城乡建设	城乡供水、供电、垃圾处理、学校、住宅等项目
文物保护工程配套项目	与文物保护展示相关的配套服务设施项目
采矿项目	煤矿井田、矿井等

从项目性质看，在国家文物局批复的长城涉建，2019 年基础设施类项目数量占到绝大部分，这种状况与以往年份的状况一样，说明审批事项中，长城面临的基础设施建设压力仍然很大。（表 3-15）

表 3-15 2017—2019 年批复通过长城涉建项目性质统计表

工程性质	2017	2018	2019	总计
基础设施	28	16	36	80
城市建设	1	6	7	14
旅游项目	1	1	3	5
文物保护工程配套项目	1	1	0	2
采矿	0	0	1	1
合计	31	24	47	102

从各类长城涉建项目批复通过率来看，基础设施类涉建项目的总体通过率最高，城市建设类项目其次，而旅游项目的最低。（表 3 - 16）

表 3 - 16　2017—2019 年长城涉建项目性质批复通过率统计表

工程性质	2017	2018	2019	平均通过率
基础设施	84.8%	66.7%	87.8%	79.8%
城乡建设	25.0%	85.7%	87.5%	66.0%
旅游项目	50.0%	25.0%	100.0%	58.3%
文物保护工程配套项目	50.0%	50.0%	—	50.0%
采矿	0.0%	—	50.0%	16.7%

初步对长城建设项目涉及的范围进行分析，2019 年涉及长城的建设项目较 2017、2018 两年呈上升趋势，涉及保护范围和建设控制地带的项目数量大幅增加。综合来看，2017—2019 年，涉及保护范围的 33 项，建设控制地带的 18 项，保护范围和建设控制地带内的 45 项。（图 3 - 10）

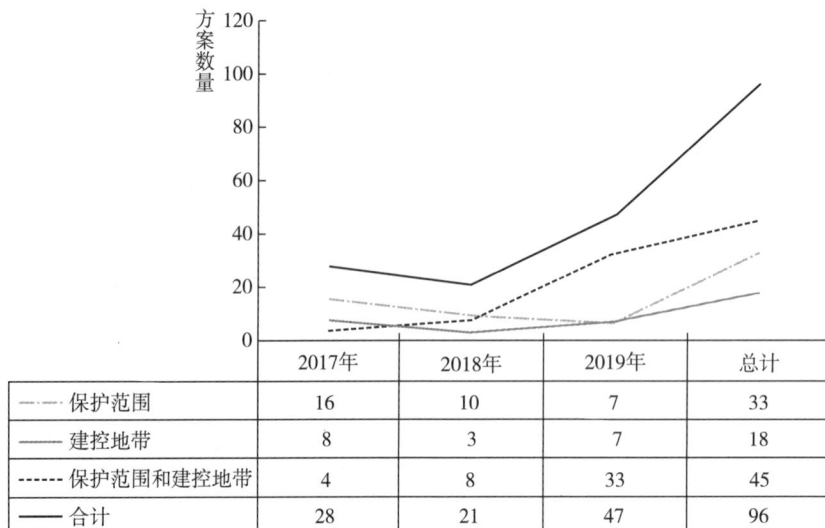

	2017年	2018年	2019年	总计
保护范围	16	10	7	33
建控地带	8	3	7	18
保护范围和建控地带	4	8	33	45
合计	28	21	47	96

图 3 - 10　长城涉建项目工程实施范围示意图

案例 3 - 2　文物保护意识引领京张高铁建设

2019 年 12 月 30 日，北京冬奥会配套工程京张高速铁路开通运营。京张高速铁路是连接北京市与河北省张家口市的城际高速铁路，途经八达岭长城。该工程受到联合国教科文组织世界遗产中心的密切关注。为确保长城安全，最大程度降低对文物的影响和潜在威胁，工程设计施工采取一系列技术攻关，从地下百米深处穿越长城①，并建成世界最深高铁车站。经专业建设运营影响评估，工程没有不良影响。经评估，京张铁路工程项目运营后，初步分析判断八达岭长城文物结构与高铁振源之间的距离满足防振要求，八达岭长城站地面站房建筑未导致八达岭长城遗产突出普遍价值发生明显改变。

新建京张高铁从居庸关隧道进口至八达岭隧道出口，全长 15.44 正线公里，以隧道形式经过长城，于八达岭长城设置地下站，车站出口位于原八达岭滚天沟停车场北侧山体脚下，属于缓冲区。京张高铁经八达岭景区设地下站，且经过全国重点风景名胜区八达岭景区，因工程涉及结构安全、铁路运营安全、旅游安全、文物安全，以及对景区景观、环境的影响等方面的问题，八达岭地下站成为各方关注的焦点。京张铁路建设过程中，文物部门开展了专业评估，实施了一系列监测措施，确保长城本体安全。工程建设中，通过一系列技术攻关最大程度减少了对长城的影响。

为保护长城采用新技术，高标准设计施工。京张高铁的施工过程中，最受关注的就是其沿线有一处要并行水关长城，两次下穿八达岭长城，需要通过爆破开通隧道，穿越八达岭长城世界文化遗产核心区。在进行京张高铁施工设计时，专门为八达岭隧道制定了爆破方案。为保护文物，项目施工方专门研发了精准微损伤控制爆破技术，将震速从普通爆破技术的 5 厘米/秒降到 0.2 厘米/秒。在爆破时，人在附近的感觉相当于车辆行驶而过。另外，为保证精准施工，还通过雷管的段数来进行爆破，将时间差缩短到最小。两处下穿八达岭长城的隧道，顶部距离长城底部高分别是 103 米和 92 米，按照研发的爆破技术，隧道内部进行爆破时，即使人正在长城上，也不会有任何感觉。②

京张高铁包括隧道工程、桥梁工程、主要车站三大重点工程。实施中采用钻爆法暗挖施工，车站地面为八达岭长城，面临设计、施工、文物保护等一系列的技术难题。由于八达岭长城站位于八达岭长城风景名胜区，对施工过程的环境保护提出了更高的要求，污水、粉尘、噪声、振动、弃渣等处理要求均比常规隧道设计施工更严格。例如，八达岭长城站设置了清污分离的排水体系，将隧道围岩渗入的清水还给自然，车站清洁产生的污水排入市政污水管网进行处理，保证景区水环境清洁，最大程度的实现节水环保。同时隧道衬砌混凝土的粗骨料采用隧道开挖产生的弃渣，可节省砂石用料并减少弃渣场的占地面积。③

科学评估监测工程对长城本体及环境影响④。联合国教科文组织世界遗产中心从一开始就关注中国方面拟实施的京张高铁，了解工程是否会对八达岭长城的保护状况带来潜在的影响和威胁。2018

---

① 京张高铁八达岭段年内开建微损伤爆破保护长城，新华网，2016 年 09 月 29 日，http：//www.xinhuanet.com/politics/2016-09/29/c_129305106.htm。

② 同上。

③ 陈学峰，《京张高铁八达岭长城站建造关键技术及创新》，《铁道标准设计》，2020，64（01）。

④ 北京市文物局《世界文化遗产——八达岭长城京张高铁运营期遗产影响评估报告》。

年、2019 年，中国两次向联合国教科文组织世界遗产中心和世界遗产委员会报送京张高铁建设项目对长城遗产影响情况。在国家文物局的指导下，北京市文物行政部门、地方文物部门和遗产地管理部门实施反应性监测工作，组织开展了八达岭长城遗产管理状况、游客管理、旅游设施和高铁运行期间的监测和遗产影响评估工作，过程中开展了多轮座谈沟通和专家咨询工作。尤其是，铁路运行后通过规范公式验算及现场实测复核，判断目前高铁运行期间八达岭长城文物结构与高铁振源之间的距离满足防振规范，建立了八达岭长城长期的健康体检工作体系，为重点敌台增加实时振动数据采集设备，并计划今后对遗产地开展周期性跟踪监测。另外，还对新建京张高铁八达岭长城站地面站房建筑与长城之间的景观视线进行双向分析。根据前期设计方案等材料，结合工程运营期间的调研、检测等工作的推进，遗产本体保护方面，新建京张高铁带来的主要变化是在遗产载体之下新增加的隧道；在景观环境方面，工程穿越八达岭地区主要是通过隧道的方式，因此除滚天沟广场设立的八达岭长城站地面站房，工程其他内容对沿线环境景观的影响较为微小，基本没有对遗产的保存环境、地形地貌造成新的改变和损伤。

第三节　长城预防性保护渐趋成为管理的必然要求

2019 年，《长城保护总体规划》发布，为长城监测走向体系化、制度化、科学化做出了原则性的指导。国家文物局积极支持对长城点段所在区域长城本体和环境定期对比分析，及时掌握长城本体变化和影响风貌的违建设施等。长城沿线保护管理机构积极探索长城日常保护的路径与方法，利用无人机开展巡查，着手建立长城数字化保护系统，结合长城保护维修工程开展实时监测，预防性保护实践更加深入。

一、保障实施日常养护项目

日常养护的重要性日益受到各级长城保护管理机构重视，这一工作落地的关键在于调整配套政策，一些地方已经开始有益探索，切实推动长城向预防性保护转变。2019 年，按照河北省财政厅与河北省文物局联合修订印发的《河北省文物保护专项资金管理办法》，专项资金的补助范围包括"文物保护单位的维修、保护与展示，包括：保护规划和方案编制，文物本体维修保护，安防、消防、防雷等保护性设施建设，陈列展示，数字化保护，预防性保护，大遗址保护管理体系建设及世界文化遗产监测管理体系建设、应急性文物保护项目、日常养护等。对非国有的省级文物保护单位，在其经批准的文物保护项目实施完成并经过评估验收后，可给予适当补助。省级及以上文物保护单位优先安排"。在此政策支持下，河北省开展了一系列长城日常保养维护项目。例如，2019 年 3 月，河北省文物局下达了

《2019 年金山岭长城日常保养维护项目》经费 20 万元，用于涝洼大古道大黑坑楼拱券坍塌、开裂、植被清理等抢险支护加固，支墙四方台敌台封面裂缝膨胀处理、顶部地面的铺墁防雨水处理。项目委托承德市古代建筑研究所（原承德市文物局古建处）设计、施工，开工计划日期为 2019 年 9 月 14 日。设计施工技术人员多次现场讨论具体施工细节后，9 月 25 日正式开工。施工严格执行文物保养维护的设计要求，按照"排除险情、最小干预"原则，对敌楼内部进行支护加固，顶部进行植被清理。项目于 10 月 15 日完工。（案例 3 - 3）

2019 年，甘肃省对嘉峪关长城石关峡口墩、大红泉堡和双井子堡进行日常维护保养维修。本次日常保养维护工程主要涉及嘉峪关明长城关堡 3 处。分别为石关峡口墩，大红泉堡北墙 1 段、2 段，北墙马面，双井子堡西墙 1 段，北墙 6 段至 13 段，东墙 1 段至 4 段及东南角台。

案例 3 - 3　金山岭长城养护[①]

金山岭长城位于河北省承德市滦平县境内，地处华北平原向燕山山脉过渡带，长城沿山脊修筑，隔绝内外，初设于明代洪武年间隆庆至万历年间，在戚继光任蓟镇总兵官时期对长城进行大规模的改建、扩建，是守护明朝都城的重要军事屏障。1988 年列入第三批全国重点文物保护单位名单。金山岭段长城敌楼密集，构筑精巧，各类遗存丰富，是最为雄伟壮观的明代万里长城代表段落之一，也是享誉国内外的旅游胜地。1982 年被评为国家级风景名胜区、2020 年被评为国家 5A 级旅游景区。

金山岭长城辖区共有敌楼 105 座，砖、石材质墙体 102 段，长约 18 千米。经过 600 多年的风雨洗礼，金山岭长城依旧保持了明长城的原有风貌。此段长城敌台中形制保存较为完好 50 余座，局部残损的 30 余座，仅存基址的近 20 座。

金山岭长城文物管理处（以下简称"管理处"）作为保护管理机构，在长城日常保护中加强病害研究和监测记录，将门票收入按比例列支日常养护经费用于长城的岁修与保养。2019 年，在河北省长城保护专项资金政策的支持下，金山岭长城日常养护在制度、资金上得到了保障，通过日常养护项目的实施，达到了消除隐患，减缓病害发展的良好效果。在长期的探索实践中积累了开展长城日常养护的重要经验。

1. 日常巡查与监测为岁修与保养提供依据

管理处对金山岭长城进行常年监测，积累了重要的监测数据，为实施保养维护提供了依据。例如，在多年的巡查中发现金山岭长城多次出现雷击敌楼、墙体现象，并对雷击进行了监测记录。为了避免

---

① 案例由河北省承德市滦平县金山岭长城管理处贾海麟提供。

金属构件产生新的雷电安全隐患，在保养措施决策中敌楼外观部位不采用钢架支撑结构，局部使用钢架的也注意了安装完备的引雷排雷设施。

2. 岁修与保养取得了长城保护与利用的互利共赢

金山岭长城管理处遵循文物经营性收入用于文物管理与保护的原则要求，将金山岭景区门票收入按比例列支金山岭长城日常保养维护资金，用于长城本体的保养维护。例如，岁修期间，补砌敌楼箭窗、门洞券砖、券石等构件，恢复原部位的承重承载能力。修补墙体通道的地面方砖，减少雨水冲刷造成的填芯土石流失。疏通排水孔道，对墙体顶部地面局部补墁地砖，封堵墙体孔洞，防止墙体渗水冻涨。清理高大木本植物，以减少根系对长城本体的伤害。培养草本植被，以保护墙体表面积土层，减少雨水冰冻的影响。这些措施，在不影响长城历史风貌的同时保证了金山岭长城"延年益寿"，保障了开放段落的游客安全，这种近乎零干扰的岁修与保养让金山岭长城的原真性、完整性得以保留，为持久保持长城的旅游吸引力提供了重要保障。

3. "小保养"中的"大学问"

积累出来的"原材料"。日常巡查中，巡查人员对长城两侧散落的长城砖进行记录，再由管理处组织人力统一进行收集。管理处到长城沿线周边村落，对长城边上无人居住的老房屋、老院墙上的长城砖进行调查，收购流失在农家的旧有城砖，为修补城墙积累"原材料"。对当地取缔停产的长城砖窑厂库存长城砖先行收购，与收集、收购来的旧城砖一同存储备用。平时对长城砖的收集收购，有效解决了长城本体保养维护时原材料缺乏的问题。日常保养维护中，旧城砖的使用率达到 70% 以上，保留了金山岭长城古朴沧桑的历史风貌。

力行"最小干预"和"不改变原状"理念。保养维护中，尽量取用散落在一个地点的城砖，并坚持采用与原来城砖形制基本相同的城砖进行接砌，以防止砖石材料大小、颜色差异过大造成风貌影响。在旧城砖不能满足需要而使用新砖后，用山皮土进行做旧处理，在色调上保持与旧城砖的统一。严格依照原样式对敌楼、墙体损毁缺口进行补砌，既保证了长城本体的稳固性，又达到了局部与整体统一的修缮效果。

4. 文物保护专项资金支持开展日常保养维护项目

2019 年 3 月，河北省文物局下达了《2019 年金山岭长城日常保养维护项目计划》经费 20 万元，用于涝洼大古道大黑坑楼拱券坍塌、开裂、植被清理等抢险支护加固，支墙四方台敌台封面裂缝膨胀处理，顶部地面的铺墁防雨水处理。项目由承德市古代建筑研究所（原承德市文物局古建处，以下简称"研究所"）与管理处共同完成设计、施工，2019 年 9 月 21 日开工。施工严格执行文物保养维护的设计要求，按照"排除险情、最小干预"原则，对涝洼大古道大黑坑敌楼内部进行支护加固，顶部进行植被清理，项目于 10 月 15 日完工。[①]

---

① 由于天气转冷，为保证工程质量，金山岭支墙四方台于 2020 年 7 月完工。

图 3 – 11　调查长城沿线无人居住的用长城砖建造的民居民房

（图片来源：徐建君拍摄）

图 3 – 12　收集长城两侧散落的长城砖

（图片来源：贾海麟拍摄）

5. 保养维护中的技术攻关

涝洼大古道大黑坑楼位于金山岭长城涝洼乡段大古道村虎头沟东部山坡处，敌楼整体保存状态较差：上层楼橹铺房已毁坏并生长有周长 37 厘米至 80 厘米不等的松树 14 棵；西侧拱券部分已坍塌，东侧、北侧拱券裂缝严重。支墙四方台位于金山岭长城砖垛沟东侧山脊，敌台东墙面 3 条裂缝，最宽处达 25 厘米，西、北墙面均有裂缝，较大裂缝有 4 条。"金山岭长城保养维修项目"，是对这两座敌楼保养维护的攻坚战。两座敌楼的安全问题存在多年且逐渐显现并扩大。涝洼乡大古道大黑坑楼楼顶部的多棵大型松树已经使敌楼的一侧拱道坍塌，严重影响了敌楼整体的安全稳定性。此次保养维护方案，一方面清除大型树木、灌木，很好的解决了树木生长胀裂墙体的问题。另一方面，保留直径 3 厘米左右的小型植被，防止了墙体表层土的流失和雨水的渗入，同时也保持了敌楼所在地的原始环境。养护中就地取材，将清除的树木经处理用于敌楼内拱券开裂下沉部位的支护的同时也节约了资金和人力。在没有涉及长城本体的情况下，很好地排除了险情，解决了此座敌楼安全问题。支墙四方台的病害棘手，膨胀、裂缝存在同一位置，而四方台三面高而陡无法进行戗杆支顶，一墙面与马道墙体交接无法对整座敌楼进行交圈拉接。经多次现场勘察研究，最后采用顶部地面重新铺墁方式，阻止雨水渗入墙体内产生膨胀，并通过封闭各裂缝等方法进行施工，并对完成后的墙体加装 GNSS 位移监测设备进行监测。

图 3-13 涝洼大黑坑拱券支护前后对比（左：支护前；右：支护后）

（图片来源：贾海麟拍摄）

图 3 - 14　松树清理后
（图片来源：刘铁刚拍摄）

6. 探索项目管理经验

合作机制有力保障项目实施。"日常保养维护方案"由承德市古代建筑研究所等专业机构参与制定，对难点问题，多方共同研究，并广泛征求有经验的老师傅意见，多次召开现场会议，做到对待问题反复论证，选择最佳解决方案。施工时，现场有专业技术人员指导，金山岭长城文物管理处设专人现场察看并与设计人员保持联络通畅。对在深山施工的团队，管理处与研究所做好制度保障和技术支持。

科学统筹经费。项目实施中，就地取材并合理利用，厉行节约，从严控制经费预算。清理树木再利用，很大程度上减少了项目中原材料的采购与运输经费。结合项目现场实际情况，选用最佳的施工方法，为经费节约奠定了基础。据测算，此次保养维护项目共拨付经费 20 万元，完成两座敌台养护任务共支出 15 万元，结余经费将用于其他日常养护工作。

此次日常保养维护项目的实施，防止了敌楼、战台病害的恶化，达到了项目实施的最终目标。通过日常保养维护消除了险情隐患，保障了长城爱好者及野外徒步人员的人身安全，也维护了当地村民的自身利益。项目实施完成后，管理处由专人对项目内容进行跟踪监测，记录汇总监测信息，为管理处及长城保护专业机构开展长城本体保养维护提供了实质的依据。

二、长城监测技术应用探索

2019 年，《长城保护总体规划》发布，对长城预防性保护明确指出，"各类自然灾害，特别是地质灾害、极端天气和植被破坏等，对长城保护构成的威胁仍长期存在，防灾减灾长期策略和具体应对措施尚不完善"，"长城监测体系建设尚未进入实施阶段，亟需开展需求和可行性分析、目标设计、阈值设定、框架搭建和系统研发等工作，并采取有效的技术手段与保障措施"，并针对以上问题从监测机制、监测内容、监测手段、监测类型、监测保障等方面对长城监测提出了具体要求。

2019 年，北京、甘肃等地从技术到工作机制，结合本地长城保护管理需求，以"体系""分级""精准"等为目标，逐步探索建立本管辖范围内的长城监测体系。

延庆实现无人机巡查长城，建立长城数字化保护系统①。2019 年，北京市延庆区长城数字化保护系统正式建立。延庆区文管所利用无人机智能巡查，为长城保护架设"天眼"。长城保护员采取"现场巡查＋信息回传"方式，提升"人眼"巡查的科技化水平。文物部门整合"双眼"信息，应用大数据的优势，实现立体化的长城监控体系。最终，经过数字化"电眼"的精确比对，随时发现长城本体及周边的微小变化，建立人防、技防、物防三重长城保护体系。无人机巡查有明确分工，多旋翼无人机负责建立重要点段精确到厘米级的三维模型，通过长期的监测，观察并形成长城本体细微变化的大数据，为后续的保护工作提供科学依据。固定翼无人机则进行长距离、大范围的长城巡查，进行长城沿线建设情况的严密监控。利用无人机便捷性进行精细化三维建模，结合长城保护员实地巡查、实时回传，实现"天眼""人眼"和大数据管理平台的无缝对接。无人机正式上岗后，巡查工作将以月为周期，以险情重的精华点段为主，以普通点段为辅，克服山高路险带来的障碍，弥补人力不足的缺陷，真正实现延庆长城保护巡查全覆盖。自此，延庆区长城抢险工作将利用无人机倾斜摄影、卫星遥感、激光点云等新技术，获取长城基础地理空间信息，进行数据采集和三维建模，形成最精准、最系统、最前沿的长城大数据，建立长城保护数字化档案系统，为虚拟修缮和将来的长城保护提供最科学的数据支撑和"专家"意见。目前，延庆长城 85 号敌楼和九眼楼等有重大险情的长城精华点段的数据采集和病害分析就将采用这些最新技术。

国家文物局一直探索引入无人机、利用卫星影像等高科技手段保护长城。为系统开展长城监测，国家文物局于 2017 年启动长城监测体系研究及试点，为长城监测平台以及监测体系建设奠定基础。中国科学院、国家基础地理信息中心等专业机构，也探索将科技手段应用于长城监测之中。2019 年《长城保护总体规划》颁布之际，国家文物局针对监测工作提出，无人机可定期飞行监控，用卫星影像对一些长城点段所在区域定期对比分析，及时发现、核实长城的变化及管理方面存在的问题，包括长城沿线的建设施工、采矿对长城周边环境的影响，长城沿线是否存在违建项目等。下一步，国家文物局将继续运用高科技保护长城，将在中国文化遗产研究院现有的世界文化遗产监测平台基础上，建设长城保护管理监测平台，实时动态地对长城进行监测管理，以提高管理效率和效果。

_____

① 延庆实现无人机巡查长城，中新网，2019 年 01 月 07 日，http：//www.chinanews.com/sh/2019/01－07/8721693.shtml。

监测辅助长城保护工程—延庆长城抢险项目。延庆长城花家窑段，属于八达岭长城向西的延伸，也是延庆长城中的精华落段。为了确保安全，文物部门在抢险现场首次运用了长城结构监控手段，由监测人员用专业设备对施工全过程进行实时监测，对于施工中的基础下沉、墙体位移可以做到提前预警，保证排险过程中的人员及文物本体安全。目前，长城 65 号楼及边墙，长城 85、86、87 号楼抢险加固工作已经在雨季前全部完成（案例 3 - 4）。

案例 3 - 4　结构监测技术为北京延庆长城抢险保驾护航[①]

长城历经几百年的风霜雨雪，多数段落都已十分脆弱，特别是墙体和基础均存在肉眼可见的缺损，结构安全面临严重隐患。在这种情况下，开展长城抢险加固非常必要，同时也非常危险。如果在修缮过程中发生险情，稍有不慎就会对长城本体和施工人员带来灭顶之灾。为此，延庆长城抢险工程考虑从险情预警入手解决问题，结构实时监测手段被采用到了长城抢修工作中。

2019 年，北京市文物局开展了 10 座长城敌台的抢修工作，其中包括延庆区的 4 座敌台。这些敌台普遍存在结构失稳的情况，墙体开裂、歪闪，雨水渗透和冬雪冻融更是成了险情发生的催化剂。为了保证长城修缮过程的安全，在开展 65 号敌台及边墙，85、86、87 号敌台抢险过程中，延庆区文物部门委托有资质的机构对这四座敌台进行了详细勘察和险情成因分析，形成了有针对性的解决方案。

在正式施工前，除了前期支顶这些常规做法之外，在这四座敌台的抢险工程现场首次运用了长城结构安全监测技术。由专业技术人员在敌台上选取不同点位，利用全站仪拍摄，定位定点观察，从工人进场作业前开始，由技术人员在固定点位上间隔半小时进行一次观测，可以监测到敌台毫米级的变化。经过数据累积，确定正常位移变化阈值，一旦出现超出阈值的变化可第一时间发出警报，做到风险可控。这项监测工作贯穿抢险加固全程，重点监测基础下沉、墙体位移、裂缝情况，监测数据实时获取分析，如有结构变化情况发生，现场人员可及时对险情将发点段进行支护等有效处置，避免出现大面积垮塌，而施工人员也可尽早撤离，使人员及长城本体得到更好的防护。

这四座敌台的整个抢险过程完全处于雨季，但有监测数据作为科学支撑，未出现抢险中的二次坍塌和安全事故，四座长城敌台抢修项目得以顺利完成。这次贯穿全程的结构监测，也为后续开展长城极危点段抢修工作提供了成功经验。在后续的工作中还会陆续引进新技术、新设备，用智能化代替人工化，避免操作误区，使监测数据更加精准，助力长城保护工作安全实施。

[①]　案例由北京市延庆区文物管理所时丽霞提供。

图 3 - 15 利用全站仪进行结构监测

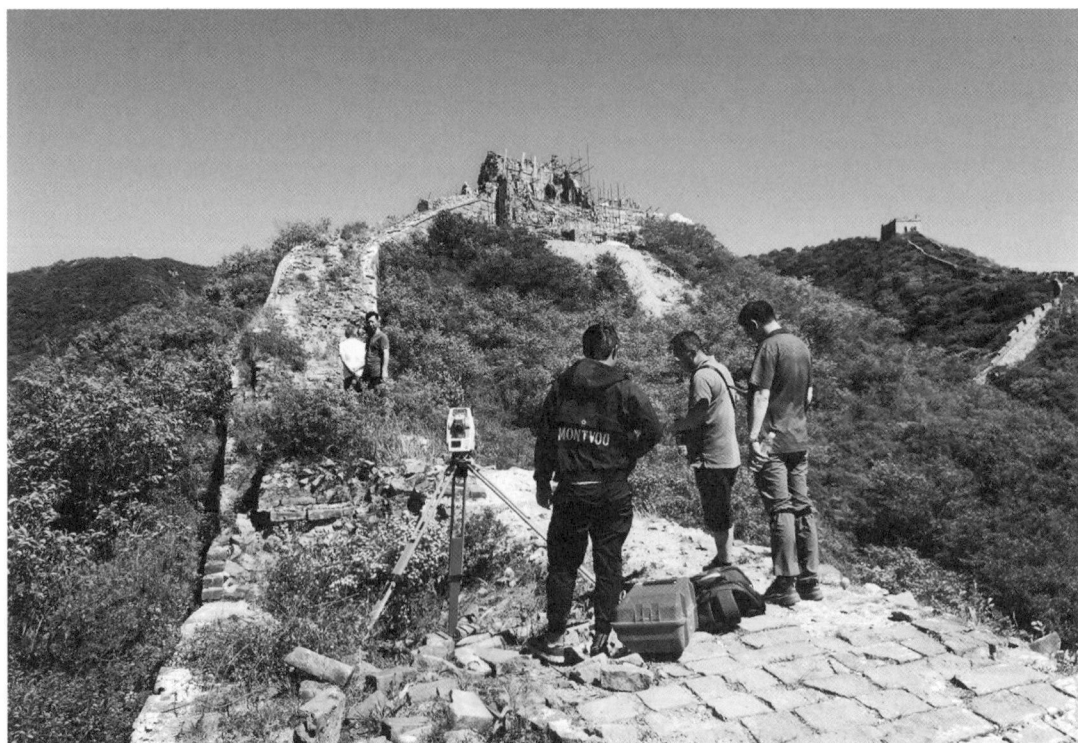

图 3 - 16 技术人员现场沟通监测数据

三、长城世界遗产地监测

世界遗产反应性监测。2019 年第 43 届世界遗产大会决议，要求中国于 2020 年 12 月 1 日前，向世界遗产委员会提交中国长城保护报告及明长城八达岭段修建车站的影响评估。2019 年，在国家文物局的指导下，北京市文物行政部门、地方文物部门和遗产地管理部门实施反应性监测工作，组织开展了八达岭长城遗产管理状况、游客管理、旅游设施和高铁运行期间的监测和遗产影响评估工作。（详见案例 3 - 2）

遗产影响评估通过规范公式验算及现场实测复核，判断目前高铁运行期间八达岭长城文物结构与高铁振震源之间的距离满足防震规范，建立了八达岭长城长期的健康体检工作体系，为重点敌台增加实时震动数据采集设备，今后对遗产地开展周期性跟踪监测。结合评估工作开展了八达岭长城遗产的健康体检工作，对发现裂缝、风化等不同等级的遗产本体病害的重点区域安装了实时监测传感器、裂缝计等监测设施，对重要遗产构成进行了三维激光扫描、全景 VR 拍摄等信息采集，今后将会进行定期、长期的病害风险跟踪。[①]

长城世界遗产地监测。2019 年，按照《中国世界文化遗产地监测年度报告》的要求，山海关、嘉峪关、八达岭三处长城纳入中国世界遗产监测预警体系的长城点段向中国世界遗产监测预警总平台（以下简称"总平台"）提交了年度监测报告。报告按照总平台提供的模板，系统梳理了遗产地保护管理机构、遗产本体保护、保护管理体系等保护管理工作，并对监测工作进行了评估。

2019 年，3 处长城世界遗产地主要依托长城文物保护管理机构下设的专职部门，以人工巡查，辅助采用不同的手段、方法，不同深度地围绕长城本体、环境、游客、病害等进行持续监测；通过开展长城数字档案建设、监测技术试点、规范巡查记录等为保护管理决策提供了依据。应该说，监测已经成为长城世界遗产地的重要工作。

山海关，2019 年通过全站仪、无人机、测距仪、摄像机、监控等监测设备辅助日常人工巡查。对重点部位进行重点监测并进行数据记录，一旦发现安全隐患，结合专家经验判断和监测数据，得出最终的解决办法，确保办法可行有效，最大可能避免误判引起的损失。全年记录裂缝、植物病害、不均匀沉降等新发病害 11 项，并完成病害治理 6 项，监测对保护山海关长城本体安全提供了重要保障。[②]

嘉峪关，2019 年根据年度监测工作计划有序开展日常监测工作。为全面、深入地了解野外夯土长城的病害情况，根据已制定的《野外夯土长城监测流程》和《野外夯土长城监测指标》，开展了长城本体完整性、墙体温湿度、风速风向、降雨量及蒸发量、积沙量等监测。此外遗产影响因素监测作为今年监测工作的重点，实施了自然环境因素、灾害情况、建设控制地带建设、社会环境因素等监测，

---

① 《世界文化遗产八达岭长城京张高铁运营期遗产影响评估报告》，联合国教科文组织亚太地区世界遗产培训与研究北京中心、北京未名文博文化科技有限公司。

② 《长城—山海关 2019 年度监测年度报告》。

通过卫片对比、人工巡查、环境监测、建设控制等方式来开展遗产影响因素监测。为了更好地开展遗产监测，全面掌握遗产保存现状，充分发挥监测系统工程效能，监测中心根据实际监测工作需求，科学合理地制定了野外长城病害调研计划，自今年 4 月至今年 9 月间开展了野外长城病害调研工作，对包括野麻湾堡、新城堡、新城屯庄、塔儿湾堡在内的十处遗址、东北长城和关城两翼长城和 24 座墩台进行了全景、局部拍照，病害登记（包括构筑材料、病害类型、发育趋势、保存现状等），简单监测等工作。通过本次病害调研，为日后开展野外长城定期监测奠定了坚实的基础，同时为野外夯土长城监测流程的制定提供了翔实的第一手资料。①

八达岭，2019 年根据《八达岭长城文物巡查制度》，指定专人对文物主体、保护范围和建控地带进行定期检查和重点日查。2019 年，共巡查 1000 余人次，给规划基建科和保洁中心下发维修通知单 25 次，共更换磨损严重的地面砖和台阶砖 500 余块、松动封顶砖 200 块，维修焊接扶手栏杆 30 处，使文物得到有效保护，为游客提供了良好的旅游环境。尤其是 2019 年开展了"八达岭长城数字档案示范工程"。一是建立试点工程，充分利用卫星遥感对地观测、近景摄影测量、物联网传感器结构实时监测等现代技术，试点建设八达岭长城西平台—北二楼数字档案示范工程，履行好守护世界遗产的责任。二是完善数字档案，实现遗产要素自动分割，数量、尺寸、材质等自动分类与统计，推动八达岭长城数字化"四有"档案建设，助力北京长城文化带人文资源数据库建设。三是加强预防性保护，将保护作为第一要务，以长城防御体系为中心，整合八达岭长城基础地理空间信息，构建遗产要素信息资源库，辅以科技手段，逐步实现长城文物的预防性保护。除此之外，通过申请北京市文物专项课题，开展北七楼烽火台及下方危岩体监测研究，在 90 天的监测周期内将光纤传感技术、物联网技术、视频监控及超声传感技术手段与理论相结合，收集位移、形变、沉降、裂缝、振动、现场气象等监测数据及视频影像并进行分析，旨在验证智能监测技术应用于长城结构风险识别、日常监测及评估预警。②

山海关、嘉峪关、八达岭作为知名的旅游目的地面临较大的游客压力，因此都不同程度地开展了游客监测。2019 年，三地游客数量保持增长，长城遗产地管理机构通过设置游客容量限制值、实行游客预约制度、监控游客行为等开展游客监测工作，保障长城世界遗产的真实性和完整性的同时，给周边居民提供了大量就业和参与景区经营管理的机会。

第四节　长城保护趋向综合、全程管理需要加强、维修理念有待突破

总体来看，2019 年，长城保护工程项目管理在严格遵循长城保护原则与理念的基础上，保障了长

---

① 《长城—嘉峪关 2019 年度监测年度报告》。
② 《长城—八达岭 2019 年度监测年度报告》。

城本体安全和环境景观控制。一方面长城保护工程更加重视考古工作对保护维修技术方案的支撑，统筹规划长城保护项目的实施，保护项目的内容也更加综合，长城保护工程与开放利用等结合，为长城国家文化公园建设奠定了重要基础；另一方面，由于审批权的下放，对于省级文物保护单位的长城保护项目管理缺乏事后的跟踪管理，为避免引发舆情长城保护维修囿于保守；另外，长城日常保养工作整体不足，缺乏针对日常保养的技术规范等也制约着长城保护与管理工作水平的提升。

坚持考古为先，为编制长城保护维修方案提供重要依据。近年来，国家文物局十分重视长城抢险和修缮中的考古工作。2019 年，对保护维修方案中存在的问题，国家文物局积极组织专家多次进行现场研究，指导方案编制单位补充完善必要的内容，保证长城保护维修措施"有据可依"。例如，2018年，国家文物局针对北京延庆区东红山村敌台的抢险方案提出"开展必要的考古，明确敌台形制、材料、建造工艺及其与毛石护坡、墙体的关系。核实夯土墙体外包砖的勘察结论"等意见。2019 年 5 月2 日，该敌台东北角下部坍塌，国家文物局委托中国文化遗产研究院组织专家进行了现场勘查，并不建议对台体采用毛石护坡的方式进行支护，以防止过度干预加固，并要求补充基础考古内容及夯土材料分析勘查实验内容。同年 5 月，延庆根据专家意见修改了抢险加固工程方案，并在方案中补充了考古勘察报告。经考古勘察，该台体在修建过程中未开挖基槽，而是在自然山体上夯筑修建。敌台原始四至边界已无从得知，地表现存部分即为目前已知的敌台边界。根据考古勘探报告结论，此次方案修改及时调整设计思路，对敌台地基原生土区域进行支顶加固。选用毛方石挡土墙及夯土挡土墙相结合的方式进行支顶加固。

长城保护措施更具综合性。保护措施实施中，注重保留不同时期遗迹现象，全面呈现历史信息，同时将保护与展示利用、公众参与相结合，将保护成果惠及民众。2019 年，国家文物局副局长宋新潮在《长城保护总体规划》发布之际提出，长城的保护要"真实、完整地保存长城承载的各类历史信息和沧桑古朴的历史风貌。所谓各类历史信息，不是说要恢复长城建造时的面貌，而是应该保留各个时代的损坏、保护痕迹"。2019 年，北京市文物局启动昌平段长城二期修缮工程，为完整保存历史信息，在修缮中对抗战时墙体上流下的弹孔予以保留。① 2019 年 7 月，习近平总书记主持召开中央全面深化改革委员会第九次会议，审议通过《长城、大运河、长征国家文化公园建设方案》（以下简称《方案》）。在此背景下，如何在加强保护的前提下适度开放利用，"保护"如何奠定开放利用的基础是长城保护在新时期面临的理念风暴。随着中国文物保护事业的不断发展，如何阐释文物价值，如何在保护的同时让文物惠及社会民众已日益受到文物部门的重视。在长城国家文化公园启动、北京长城文化带建设等国家、地方长城保护与开放利用重大战略行动背景下，重新认识长城，从更高层面保护、利用长城已是长城保护工作不可缺少的内容。2019 年，怀柔区文委在接受新华网采访时提出"我们计划

---

① 让人欢喜让人忧——关于北京长城保护的调查，新华网，2019 年 1 月 4 日，https：//baijiahao. baidu. com/s? id = 1621684932256990903&wfr = spider&for = pc。

打造长城体验区，把箭扣长城作为长城体验区的首选点进行建设，在保护利用上摒弃'旅游景区'的模式，按照高端长城文化体验区的定位，以'保护为主，适度建设'的理念进行保护、传承和利用。"在北京长城文化带建设中，延庆制定了《延庆区长城文化带建设五年行动计划》，在未来五年内，延庆将对八达岭镇、大庄科乡、四海镇、香营乡等延庆域内长城实施 17 项长城遗址保护行动，以延庆域内长城的整体布局为纲，以古老的驿路文化为线，开展岔道土边抢险修缮工程及岔道古城保护利用工程，实施榆林驿站抢险修缮工程，使长城古驿道在延庆境内基本实现联通。①

审批权下放后，需要加强对长城保护维修全过程的管理。2017 年以来，除部分重要的长城点段保护维修设计方案由国家文物局组织专业机构或专家评审外，其余均由省级文物部门审批。但对这些由省级文物行政部门审批的长城保护项目其审批标准，以及项目监管和进展情况、项目实施效果等均缺乏整体掌握，长城保护维修项目如何加强事中和事后管理，有待探索新的工作机制。

长城保护维修理念争议不断，面对舆情处于被动局面。近年来，长城保护维修一直处于公众高度关注之下。尤其是 2016 年辽宁小河口、2018 年山西得胜口等长城保护维修工程引发社会广泛争议。与此同时，国家文物局对长城保护维修项目审批、维修方案审核更加严格，各地申报项目也更加谨慎。一方面，确实很大程度上避免了过度维修、过度保护，但另一方面，也难免存在部分失修长城得不到及时干预，面临损毁风险的局面。这种矛盾的局面，从侧面反应映出长城保护理念的科学性仍需提高。国家文物局副局长宋新潮②提出，"目前长城修复所出现的问题，主要有四个方面：一是思维固化，简单地把长城理解为一种资源利用，按照自己主观想法将长城修成八达岭的样子，导致在修复过程就存在很多问题。二是对长城的完整性与真实性存在理解偏差，对修旧如旧、复建、重新打造一个景点等概念混淆。三是制度上把长城的保护设计方案，简单地套用建设工程招投标等方式来。最后是地方政府对于修复过程的监管不到位"。社会公众对长城保护维修技术、理念不理解，且文物部门缺乏必要的宣传渠道和宣传意识，使得一部分公众对修完后仍旧"残破"的长城难以欣赏，或者对"面貌一新"的长城无法接受。

长城日常保养工作整体不足，缺乏技术规范。保养维护工程是指针对长城本体轻微损害所做的日常性、季节性的养护性工程。随着长城保护理念趋向"最小干预"，长城保护维修、抢险加固工程审批也逐年收紧。因此，及时处理那些普遍存在于长城本体之上的"小问题"，以免"小病"不治拖成"大病"对于长城保护越发重要。2019 年，河北、甘肃等地通过协调地方财政、实施养护工程等积极想办法，开展长城日常养护工作。但从总体来看，长城日常养护实施的范围小、还未形成成熟的体制机制，且缺乏相应的技术规范。一方面，按照《长城四有工作指导意见》，长城日常养护主要由长城保护机构负责。例如，北京市文物局明确规定"长城管理使用单位应当负责所管理使用长城段的日常

---

① 北京：延庆将实施长城遗址保护行动，央广网，2019 年 1 月 18 日，https：//baijiahao.baidu.com/s？id =1622979155152868196&wfr = spider&for = pc。

② 国新办《长城保护总体规划》有关情况发布会讲话，2019 年 1 月 24 日。

巡视检查和日常维护、修缮、抢险等保护工作，并保证保护工作的相应资金。没有管理使用单位的长城段，其日常巡视检查和日常维护、修缮、抢险等保护工作，由当地区、县人民政府负责。"① 然而，由于基层长城保护管理机构经费有限，日常养护又不同于修缮、加固工程可以申请保护经费，因此长城日常保养工作因缺乏必要的经费支持而难以开展。另一方面，因为日常养护不必履行报批手续②，基层长城保护管理机构往往根据现有认识水平和工作能力开展日常养护，但又因专业水平有限很难准确判断长城存在的问题是否属于日常养护范围且实际操作也存在实施不当的风险。尽管《长城四有工作指导意见》对长城的保养维护给出了界定，但内容过于笼统，基层长城保护管理机构仍旧无法有效地开展工作。因此，为解决长城日常养护工作实际需要，亟需研究制定长城日常养护工作的实操性工作规范，并需各级文物行政主管部门在体制机制、经费渠道方面给予支持。

---

① 《北京市长城保护管理办法》，北京市人民政府令第 126 号。

② 国家文物局《长城保护维修工作指导意见》（文物保发〔2014〕4 号）规定："保养维护工程不必履行报批程序，但应依法报省（自治区、直辖市）文物行政部门备案。"

第四章　长城开放利用与国家文化公园建设

在文旅机构改革的深入推进下，长城文旅项目建设蓬勃发展，现已成为全域旅游与旅游扶贫及乡村振兴的落脚点之一，是长城开放利用的主要途径。伴随着长城国家文化公园这一重大文化工程建设方案的印发，长城开放利用进一步引发各级政府的重视和热情，带动长城保护与利用相关工作的协同发展。长城国家文化公园成为利用文物和文化资源外溢辐射效应、实现长城保护传承利用、集中打造中华文化重要标志的有力支撑，掀起了新一轮建设发展的热潮。因此，为推进文化和旅游的深度融合，长城开放利用的关注和研究亟待加强。《2017—2018 年长城保护发展报告》对长城开放利用的历史进程、概念内涵与分类特征进行了具体分析。本报告将基于文旅融合背景，深入分析 2019 年长城开放利用的新局面及其对长城国家文化公园建设的影响，进一步预测长城国家文化公园建设引领的开放利用新趋势，提出长城国家文化公园建设的原则与策略。

第一节　文旅深度融合开启长城国家文化公园建设的新篇章

在党的十九大强调的"推动中华优秀传统文化创造性转化、创新性发展""加强文物保护利用和文化遗产保护传承"等重要论述落实下，"文化自信"战略部署深入推进。长城保护现已成为守护中华民族的根与魂的重要方式；长城的开放与合理利用在以文物为核心继承和发展好民族文化、发挥文化价值的过程中担负起重要使命，对建立庞大的文旅资源体系起到积极的推动作用。特别是各地文化和旅游部门的整合逐步完成，为传统长城景区新型文旅项目的开展、实施与系统化和针对性的管理提供了便利与保障。在以文旅深度融合形成文化标识并推进文化自信战略实施的宏大背景下，"满足人民文化需求、凝聚民族共识"的长城开放利用新局面正逐渐形成，为长城国家文化公园方案的提出与项目建设指明方向，开启了继承传统、锐意创新的时代篇章。

一、建立健全文旅融合制度，保障国家文化公园建设

2019 年是机构改革后文化和旅游融合发展的开局之年。随着 2018 年中共中央办公厅、国务院办公厅连续出台的《关于实施革命文物保护利用工程（2018—2022 年）的意见》和《关于加强文物保护利用改革的若干意见》两部顶层设计文件，国家政府和地方政府高度重视文物事业的发展，从文物保护与利用各方面、各层次、各要素统筹规划，制定相关政策法规（表 4-1）。

2019 年 1 月，由文化和旅游部、国家文物局联合印发的《长城保护总体规划》（以下简称《规划》）提出"适度开放，合理利用"总体原则，要求"长城开放利用应以文物保护为前提，以传承长城精神为目标，坚持社会效益优先，推动有条件的长城点段逐步向社会开放，探索、创新展示利用模式，推动长城保护与地方经济社会发展良性互动"（第 18 条）。《规划》为长城保护建立了长效工作机制并督促长城精神传承持之以恒的推进开展，为实现长城资源的可持续利用等工作提供了具有约束力的根本遵循，为长城开放利用指明了"以具体对象开展保护，以线性体系开展建设，以保护为基础的"的方向。

在文旅项目发展与规划方面，《国家级文化生态保护区管理办法》（2019.3 实施）提出："国家级文化生态保护区总体规划应纳入本省（区、市）国民经济与社会发展总体规划，要与相关的生态保护、环境治理、土地利用、旅游发展、文化产业等专门性规划和国家公园、国家文化公园、自然保护区等专项规划相衔接。"该条例为国家文化公园的功能区规划与建设提供了重要的政策指导，能够促进长城周边独具特色的文化生态资源与文化观光游、文化体验游等多种形式的旅游活动有机结合；《文化和旅游规划管理办法》（2019.5）从总则、立项和编制、衔接和论证、报批和发布、实施和责任等方面对文化和旅游规划体系进行统一，对规划管理进行完善，以提高规划质量，形成系统化的项目规划与审批，对于长城文旅项目的建设起到规范性的指导作用；《国务院关于促进乡村产业振兴的指导意见》（2019.6）提出了"优化乡村休闲旅游业"，为长城沿线乡村、堡寨中的文旅精品项目建设提出指导意见，有利于融合多元主体并打造遗产与产业融合的载体。

在文旅职能工作指导方面，《关于加强地方文物行政执法工作通知》（2019.6）中明确规定文物行政部门在文化市场综合执法中的职能工作，明晰文旅融合后相关监管工作的职能分工，明文要求加大执行力度。

在文旅融合产品与技术创新方面，《文化产业促进法（草案征求意见稿）》（2019.6）强调："国家鼓励和支持依托旅游资源创作生产丰富多彩的文化产品，提升旅游的文化内涵，推动文化产业与旅游业的深度融合"；《关于促进文化和科技深度融合的指导意见》（2019.6）强调："加强智能化的文化遗产保护与传承、数字化采集、文化体验、公共文化服务和休闲娱乐等专用装备研制。"这些意见为长城遗产价值的传播以及保护与利用管理提供了具体的发展思路。印发与相继推行实施，从机制建设与法制健全方面保障了长城文旅项目与工程建设的顺利开展。由此，随着文物保护与利用在相关文旅政策

的推动与统筹部署下，文物运营管理机制协同建设的稳定局面逐渐形成，为长城国家文化公园文化工程的推进提供制度保障，有助于完善国家文化公园建设管理的体制机制，强化顶层设计与推动具体任务的督促落实。

表 4 – 1　2019 年长城保护与开放利用相关的政策文件一览表

类别	名称	发布机构
国际公约、宪章	《实施〈世界遗产公约〉操作指南》	联合国教科文组织
法律法规	《国家级文化生态保护区管理办法》	文化和旅游部
	《文化和旅游规划管理办法》	文化和旅游部
	《甘肃省长城保护条例》	甘肃省政府
政策性文件	《国务院关于促进乡村产业振兴的指导意见》	国务院
	《关于促进文化和科技深度融合的指导意见》	科技部、中央宣传部、中央网信办、财政部、文化和旅游部、广播电视总局
	《长城、大运河、长征国家文化公园建设方案》	中共中央办公厅、国务院办公厅
行业标准、规范性文件	《关于加强地方文物行政执法工作通知》	文化和旅游部、国家文物局
	《文化产业促进法（草案征求意见稿）》	文化和旅游部
专项行业标准、规范性文件	《长城保护总体规划》	文化和旅游部、国家文物局
	《青海省人民政府办公厅关于加强青海明长城保护管理工作的意见》	青海省人民政府办公厅
	《怀柔区长城专职保护员管理办法》	怀柔区人民政府办公室

二、联动整合多样文旅资源，丰富国家文化公园功能布局

2019 年是决胜全面建成小康社会第一个百年奋斗目标的关键之年。在"宜融则融、能融尽融，以文促旅、以旅彰文"的原则下，长城开放利用将文化、生态、民族精神等重要价值的传播放在思想建设首位，以保护提升与融合利用相结合的重点工程作为国家象征、民族记忆的情感依托和主要载体，成为提升长城旅游品质、带动区域经济发展的着力点，为实现奋斗目标服务。

在"发展全域旅游，壮大旅游产业"工作任务的推进下，沿线各地的长城资源所具有的单一性功能拓展延伸至多项复合的枢纽功能。这推动了文物保护与参观游览的资源实现联动，文物本体与博物馆展示、视听场景体验结合的项目建设相继展开。在打赢扶贫攻坚战、实现全面小康的战略目标指引下，长城沿线乡村围绕地域文化特色、自然环境与农业物产等现状特点，将农业生产与传统非物质民俗文化资源结合打造旅游精品项目，带动乡村旅游经济效益的增长。在长城景区的改造升级中，多种

类型的公共文化资源与自然资源联动，全面展示长城特有的精神价值以及协同环境建造创造力与生命力。由此，在以"高质量发展"为根本要求的文旅深度融合发展背景下，长城文旅项目迈向文化与旅游资源联动发展与产业转化的新阶段，为长城国家文化公园提出的管控保护、主题展示、文旅融合、传统利用四类主体功能区奠定建设基础。

三、动员多元社会力量参与，共同推动国家文化公园建设

当前，以习近平总书记提出的"让文物说话、把历史智慧告诉人们，激发我们的民族自豪感和自信心"，"铸牢中华民族共同体意识"等重要论述为根本遵循，沿线各地高度重视增强社会参与力量，推动"保护好、利用好"长城资源的社会共识深入人心。文物保护与旅游深度融合发展推动长城国家文化公园等文旅项目建设，吸引了更多社会力量的参与。

根据上一年度长城保护与开放利用研究，长城开放利用的场所分为四种类型，合理整合了长城点段可被利用的丰富资源、蕴含的民族精神与所在的生态环境。围绕不同类型开展的保护修缮、文化挖掘、配套设施建设等工作，通过政府部门把长城开放利用的相关建设项目和职责依法依规地转给可靠的社会力量。一批具有推广与同类普适性的乡村休闲游、长城文化节等利用模式逐渐形成，为跨地域联通、全线振兴的长城国家文化公园项目建设注入新动能，为建设长城整体的文明标识创造了宝贵机遇。社会力量参与文物保护利用的自觉性、积极性和投入热情逐渐提升，推动"由人民创造，由人民保存，由人民传承"的保护利用观念走向深入实践。随着社会参与文物保护与利用的层面逐渐拓宽，多元主体的能动性为长城国家文化公园的顺利实施提供有力支撑，为文旅产品开发和文旅市场营销等领域持续催生活力，推动跨区域的长城国家文化公园建设由统筹协调向全流程管理迈进。

四、深入展示文化遗产价值，践行国家文化公园传承理念

在本年度文旅深度融合发展的背景下，长城文化与精神的深度呈现与具体展示形成了长城价值传播形式的多样性。文物历史文化内涵的深入发掘、记录与梳理扩展了价值展示路径，同时高技性、智能化的技术应用突破现有景点之间的"藩篱"。实现"信息共举"与"交通联结"两方面联合，拓展了公众对长城精神感知的路径。

目前，长城价值展示途径愈来愈突破文物本体的单一呈现与接触，已逐渐由传统的博物馆、景区类发展为多种服务业态、社会活动与专项旅游产品等结合的新形式。这一转变拓展了公众体验与参与范围，丰富了受众层面，形成了长城与农业、长城与体育、长城与非物质文化等资源联合助推价值展示的局面。随着我国文化资源日益丰富，长城价值传播逐步提升传播效能，以供给侧发力逐渐提高文化服务供需匹配程度，增强文化软实力。通过以博物馆为主的公共事业发展、跨地域的全域旅游带动、

突破资源局限的数字技术应用等途径，长城开放利用充分展现整体文化资源属性特征及保护利用成果，提出以长城国家文化公园为代表的国家文化工程。从社会公共服务到文化推广、文化与自然资源相加到融合、民族文化展示的外延到文化品牌创新等多个层面，长城旅游以沿线地区的产业集合力增强了"留得住乡愁"的自豪感与归属感；以长城资源核心区向其他地区推进和辐射的影响力全面提升了社会认同感；以中外长城文化交流互鉴的合作力贡献了中国智慧，逐渐形成突显长城价值体系的个性与共性特征，更广泛提升了中华民族精神文明的深层次传播局面。在推行长城与艺术、体育以及非物质文化等多样化展示活动的局面下，逐渐拓宽的展示路径为长城国家文化公园建设的实现提供依据，有助于传播中华文化的独特创造、价值理念与鲜明特色。长城价值的传播逐渐提高了文化服务供需匹配程度，更深层次地突显与展示长城价值体系的个性与共性等文化特征，为实现将长城国家文化公园打造为中华文化重要标志提供有力支撑。

第二节　长城开放利用深入推进支撑长城国家文化公园建设

习近平总书记 2019 年在甘肃考察时强调："长城、长江、黄河等都是中华民族的重要象征，是中华民族精神的重要标志。我们一定要重视历史文化保护传承，保护好中华民族精神生生不息的根脉。"这一重要论述为长城保护与利用提供了根本遵循，揭示了长城开放利用以保护、传承和弘扬长城遗产价值为核心的建设理念，强调了注重文化精神、价值观展示的建设思路。较于传统景区，长城沿线各地打造的长城文旅项目类型更为丰富，有助于长城国家文化公园凸显地域的广泛性和文化的多样性，有利于打造民族性与世界性兼容的长城文化名片。

一、贯彻落实保护与利用协同理念，引领国家文化公园建设

伴随机构改革的全面推进与完成，围绕长城保护质量提升、旅游行业标准完善、相关政策制定与推动价值全方位展示与传播等方面，沿线各地文旅部门将日渐明确保护与利用的管理与监督工作理念。长城开放利用逐步转向以文物、旅游、政策法规、执法、宣传等多部门共商共举，以通力合作推动长城国家文化公园跨地区、跨部门协调建设的有序开展。甘肃省部分市县（如兰州市、嘉峪关市、敦煌市）成立了大景区管委会与文旅集团及其子公司，重新梳理长城景区运营与项目建设等实施与监督理念，一定程度上解决了原有部门掣肘的问题，推动权责明确、运营高效、监督规范的管理理念逐步明晰并开始发挥引领作用。在《长城、大运河、长征国家文化公园建设方案》（以下简称《方案》）提出的"建立统一事权、分级管理体制"指导下，保护与利用的协同管理有助于逐渐理清长城国家文化公园建设所涉及的宣传、文旅、林业、交通等诸多管理及协调单位的级别与职能，推动长城保护与利用

相辅相成、相互促进。

案例 4 -1　玉门关汉长城遗址保护与利用主体调整

玉门关长城遗址于 20 世纪初被发现并实施考古挖掘，直到 2005 年前后才正式作为景区向公众开放，由敦煌市文物管理局（博物馆）作为其文物保护的主管部门。

近年来，随着文旅政策的变动，玉门关汉长城景区的管理主体进行了较大调整，由原来的文物部门主管，变为"文物部门监督指导景区内文物保护、文旅集团下设公司经营景区以及大景区管委会监督景区发展"的三头管理模式。在景区管理运营方面，2017 年以前，玉门关区域内部的文物已对外开放，由文物局负责监管开放区域并兴建了博物馆供参观游览，但并未成立独立景区。2016 年，敦煌市文旅集团成立，旨在整合敦煌市文旅资源，实现统筹发展。2017 年，敦煌市文旅集团下设子公司玉门关景区运营管理有限公司，主要负责景区的经营管理工作。同年，敦煌大景区管理委员会成立，作为事业单位，其职能主要是监督敦煌市所属景区的建设与发展。次年，大景区管委会下设的阳关—玉门关服务中心成立，负责指导和监督玉门关长城景区的建设、运营、管理等相关工作。在文物保护管理方面，2019 年以前，敦煌市文物局与敦煌市博物馆为"两块牌子、一套班子"，设立保护中心、文物修复等部门，负责监督管理与开展景区内的文物保护与监督管理工作。2019 年机构改革后，主管部门结构发生变化。原主管单位文物局（博物馆）并入文体广电和旅游局（文物局），其下设的文物保护中心专门设立玉门关—阳关保护所，承担玉门关段汉长城的文物保护工作，并在景区内设置专门负责监督管理的办公地点。因此，虽然机构名称有所变化，实际负责玉门关文物保护工作的仍为原班人马。同时，负责景区运营的玉门关景区公司也肩负起文物情况日常巡视的责任，如将文物破坏等危急情况即时上报文物部门。至此，在敦煌市政府统一协调下，玉门关长城景区的管理主本形成了保护、利用、监督分工协同的格局（图 4 -1）。

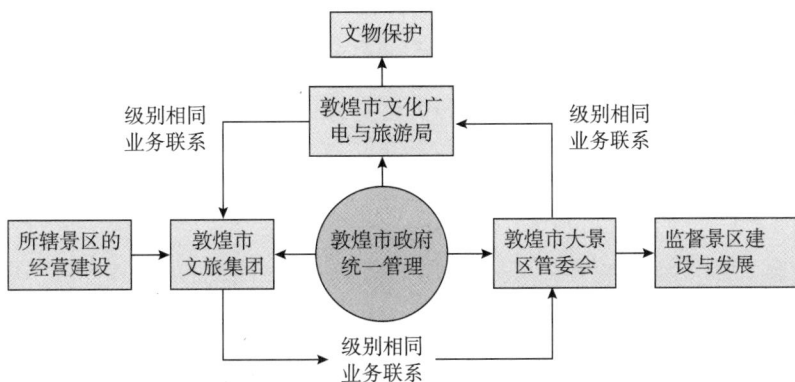

图 4 -1　汉长城玉门关段景区管理结构图

管理机构的调整有效提高了遗产保护与利用工作的质量。根据新的工作安排与职能，玉门关遗产保护的工作仍然由文物部门负责；而在敦煌大景区管委会与文物局的监督管理下，玉门关景区的运营管理则由专业文旅集团下属公司负责，景区管理的专业运营水平由此得到提升。由此，玉门关景区既合理保护了长城点段，也以市场为导向，开展了一系列价值展示活动，如研学体验、导览讲解、汉舞表演等，有效加深了游客对遗产价值的认知理解程度与互动体验程度。这一合理有效的职能分工为长城国家文化公园不同主题功能区的建设提供了有力保障，是部门协调促进长城保护与开放利用有序发展的典型实例。

二、建立健全组织与制度保障，推动国家文化公园体系建设

建立领导统筹小组，强化组织管理保障。伴随《方案》的提出，中宣部牵头组建了国家文化公园建设工作领导小组，在文化和旅游部设立国家文化公园建设工作领导小组办公室。中宣部、国家发改委、文化和旅游部有关司局共同做好日常工作，协调中央有关部门和沿线相关省份，有序推进长城国家文化公园建设的各项任务落实。当前，长城沿线各地纷纷建立了省级和市级长城国家文化公园建设工作领导小组及相应机构，由各级常委领导、文化和旅游局为牵头单位，由宣传部、发展改革委、生态环境局、城市管理委等领导小组成员单位协同构成，形成整体统筹协调、统一安排部署的工作格局，推进长城国家文化公园建设的保护规划编制与统筹协调等工作的开展，如河北省及秦皇岛市、陕西省榆林市等地纷纷就长城国家文化公园建设工作召开推进会与规划研讨会等。

成立专家咨询小组，提供技术与智力保障。长城沿线多个省区市成立研究院、组建专家咨询组，举行学术会议，为长城文旅融合事业发展建言献策，为长城文化的系统研究、展示、弘扬奠定了坚实基础，为科学规划指导长城国家文化公园的建设提供依据。围绕长城保护、长城文化带建设、长城价值阐释与展示以及长城中外合作等主题的学术研讨会纷纷召开。2019 年 8 月，北京市延庆区委区政府在市文旅局、民政局、文物局等相关单位支持下，发起成立了北京长城文化研究会，并召开第一次会员大会。60 余名从事长城文化保护、研究方面的专家学者参会，今后将共同为北京长城文化带建设、长城文化遗产保护等相关工作提供智力支持。"北京市延庆区长城文化带保护发展规划"项目研讨会（北京，2019.1）、长城文化遗产廊道保护与发展关键指标研讨会（北京，2019.6）、以"长城保护长城的绿色可持续发展及利用"为主题的第二届金山岭长城论坛（河北，2019.6）、第二届玉门·玉门关历史文化学术研讨会（甘肃，2019.9）、长城文化保护发展研讨会（北京，2019.9）、中国长城学会内蒙古长城研究会 2019 学术年会暨武川县长城文化研讨会（内蒙古，2019.9）、中国·盐池长城文化研讨会（宁夏，2019.9）、中国长城文化学术研讨会（北京，2019.10）、长城丝路文化传承保护利用工作座谈会（甘肃，2019.10）、第二届双墙对话研讨会暨长城保护联盟第二届年会（河北，2019.11）、"长城国家文化公园（山海关段）"建设—长城社区参与工程研讨会（河北，2019）等会

议，为提升长城保护与开放利用的专业程度与业界共识，保障长城国家文化公园的有序建设提供有力支撑。自《方案》发布后，部分沿线地区启动规划编制，为长城国家文化公园建设、保护规划出谋划策。河北省启动《长城国家文化公园（河北段）规划》《长城、大运河（河北段）国家文化公园建设工作推进方案（2019—2023 年）》等编制；敦煌研究院启动编制甘肃省长城国家文化公园建设规划、临洮县战国长城核心展示园保护利用规划等。

三、加速推进文旅融合项目，奠定国家文化公园建设基础

目前，长城已从传统景区开放为主逐渐演变为资源联动利用。长城开放利用围绕长城历史文化与自然环境特色打造了一批具有独特地域性的文旅项目，逐步由文化产业迈向区域文旅的重要支柱产业。

各地相继创建的跨地域的、文物本体与自然环境结合的文旅项目，在乡村振兴、有效减贫、脱贫以及全域旅游中发挥重要的作用。在乡村旅游方面，山西省白羊口村依托长城资源带动农业资源转化，创建"山西长城文化旅游产业扶贫示范村"；天镇县建设李二口旅游扶贫综合开发示范项目，打造古长城文旅开发第一村。河北省依托"二路三区"良好的文化与旅游资源，打造燕山人家经典旅游扶贫线路，推出 3 条长城乡村旅游精品线路，包括：唐山市夏季长城山野绿道纳凉体验线路、长城民俗红色游线路，承德市滦平纳凉线路，张家口市夏季避暑生态游线路；省内紫色区域部分在全域旅游方面，长城沿线市县积极响应省区级全域旅游构想，把文旅融合发展作为推动产业转型的主要力量。在本年度公布的首批国家全域旅游示范区中，有 15 个市区县以长城资源为核心发展旅游。河北省唐山市将北部长城山水度假旅游区与中部工业与南部湿地结合作为重点板块打造"唐山周末"全域旅游；遵化市实施长城旅游景观大道等工程，建设"快旅慢游"交通路网。河北省迁西县围绕六大产品体系与九大工程，全力打造国际长城徒步旅游目的地。山东省潍坊市以"文化＋旅游＋生态＋智慧＋康养"为发展理念构建长城文旅战略新引擎，激活沿线丰富资源。辽宁省葫芦岛市规划建设锥子山长城自助游营区。综上，以文物资源与价值为核心的项目建设促动产业优化与结构转型，为长城国家文化公园以文物价值促进旅游产业高质量发展奠定了基础。中信旅游集团助力张掖市山丹县打造汉明长城历史文化景区，推动"山丹"长城项目建设（2019.1）。青州航空科技博览基地投资 15 亿元，构建长城文旅战略新引擎（2019.4）。中国文物保护基金会和中青旅控股股份有限公司签署战略合作协议签约，合作推出一批文化遗产线路、特色文物研学等长城深度旅游产品（2019.7）。中国文物保护基金会发起实施的"保护长城，加我一个"公募项目，截至 2019 年，已为北京箭扣、延庆古长城，河北喜峰口，山西新广武长城筹集 4500 余万元修缮资金。

各地以长城文旅项目大规模建设为契机，着重建设与完善旅游道路、博物馆等文旅公共服务设施。在交通方面，2019 年 10 月，山西省长城一号旅游公路首批建成路段已正式启用，串联了沿线 86 个村

庄、8.43 万人口、农林文旅康示范村 2 个，主要包括步道、骑行道慢行系统，观景台、自然绿化景观、人造景观等景观系统，服务区、驿站、汽车营地、游客集散中心、信息服务等服务系统。2019 年 3 月，嘉峪关市长城风景区旅游公路嘉镜铁路立交桥工程顺利复工，将成为串联嘉峪关城楼、悬壁长城、长城第一墩、文殊寺等风景区的便捷通道。在博物馆方面，延庆区推进旅游与长城元素的深度融合，持续建设长城文化带，完成八达岭梦幻长城球幕影院、九眼楼长城景区文化景观提升等多个旅游项目建设（2019.7）。宁夏盐池县的长城关博物馆开馆（2019.9）。可见，文旅公共服务设施的建设与不断完善成为长城国家文化公园多功能分区整体联动的重要载体。

案例 4 - 2　甘肃临洮战国秦长城西起首核心展示园项目

战国秦长城（临洮段）文物保护利用设施项目是长城文化公园文旅融合工程子项目——临洮战国秦长城西起首核心展示园的重要组成部分。2019 年，地方政府按计划制定项目建成后配套运营管理方案，并请清华大学建筑设计院着手设计续建项目，为推进长城国家文化公园建设奠定基础（战国秦长城遗址目前状况见图 4 - 2、图 4 - 3）。核心展示作为该地区具有代表性的文旅项目之一，其内部的战国秦长城遗产价值及周边相关建设项目产生了多元性价值。这些价值也成为长城保护与合理利用有机结合的关键点。据临洮县文物局专业人员介绍，杀王坡秦长城展示区内部既具有重要的长城遗址，也兼具代表性的现代工业设施，一直存在长城历史遗迹与现代工业遗产保护的冲突与矛盾。长城历史遗迹指战国秦长城，其中的杀王坡点段内有着中国战国秦长城西起点的第一个墩台，是早期长城建筑工艺的体现，有重要的历史文化价值。现代工业遗产为建设在杀王坡长城点段的超高压输电线路，该线路为我国第一条 330 千伏"刘天关"超高压输电线及其变电设备的一部分，在新中国电力工业史上具有重要意义。该线路建于《文物保护法》颁布之前的 20 世纪 60—70 年代，其部分路线建设在杀王坡秦长城点段的建设控制地带，有一电塔甚至建设于长城墩台本体之上，且仍在正常运营之中，长期来看对当地社会经济发展发挥重要作用。因此，该展示区如何处理两处遗产的关系成为项目规划与建设争论的焦点。部分观点认为应尽快拆移除输电塔以保护长城本体安全，恢复长城环境风貌，以提高战国秦长城文旅项目的安全性与优化长城遗产景观的完整性视觉意象。另有部分观点认为，应综合评价地方不同时期文化遗产的本体价值及其社会经济效益。鉴于相关线路迁移造成的高额费用，在不进一步影响长城本体安全的前提下，暂时维持现状，待条件允许下再行迁移。

（a）战国秦长城遗址标识

（b）秦家堡

（c）杀王坡秦长城上的高压电塔

（d）战国秦长城墙体

图 4 - 2　临洮县部分长城及其社区现状一览
（来源：中山大学调研团队）

图 4 - 3　秦长城（临洮段）展示项目区域全景
（来源：中国文化遗产研究院，尚珩拍摄）

案例 4 - 3　嘉峪关世界文化遗产公园项目建设

　　以长城文化为主题的嘉峪关世界文化遗产公园项目现已建成，从文旅公共服务设施、景观设计、建筑景观风貌等多角度展示了长城的多元遗产价值，为长城国家公园的文旅融合功能区建设奠定了基础。

　　嘉峪关世界文化遗产公园位于嘉峪关市雄关区，以西是嘉峪关关城、嘉峪关长城博物馆、遗产监测中心，以北是古街古镇。是嘉峪关文化遗产保护工程三大项目之一，该遗产公园由嘉峪关地方投资建设，于 2014 年 11 月完成一期建设，现由嘉峪关大景区管委会经营管理。遗产公园通过恢复历史风貌、保护文化生态、环境综合整治以及提升旅游服务等方式，依托嘉峪关长城文化展示该地域优美的生态环境、悠久的长城历史和深厚的非物质文化遗产，具有休闲娱乐、传播长城文化的功能。嘉峪关世界文化遗产公园整体分为历史文化区、花卉博览区、滨水活动区及民俗体验区四大功能分区（图 4-4，图 4-5），以优美自然的生态环境、独特异域的民俗风情以及厚重悠久的历史文化等为嘉峪关市民及游客打造生态观光与休闲体验相结合的遗产旅游空间。其中，历史文化区遵从空间顺序依次展示分布于长城沿线的 8 个关隘主题节点，从山海关至黄崖关、居庸关等到雁门关与偏关，将长城的发展历史、关城文化与戍边故事等一一讲述；花卉博览区和滨水活动区则是以绿洲的形式供游客观赏游览，在营造休闲放松氛围的同时也形成了生态屏障，可以改善嘉峪关市区的生态环境；而民俗体验区则是通过设置关城驿站、邮亭以及茶肆等向游客展示嘉峪关的驿站文化和民俗生活。

图 4 - 4　嘉峪关世界文化遗产公园鸟瞰图
（来源：嘉峪关大景区管委会）

图 4 - 5　公园内长城主题雕塑
(来源：中山大学团队)

四、联合打造地域文旅品牌，丰富国家文化公园建设内容

部分长城沿线地区以长城资源为主体，积极促进文物与自然、产业资源有效结合，发布相关扶持计划与指导意见，支持新型文旅项目推行。山西省六部门发布《支持康养产业发展行动计划（2019—2021）》，锻造黄河、长城、太行山等三大旅游板块、实施康养产业带动、开展重大项目谋划和支持民营经济发展等工作要求。山东省淄博市发布《加快全域旅游高质量发展推动新旧动能转换实施方案》（2019），加大对齐长城生态旅游带等重大项目和新业态的支持力度。北京市首次发布省级层面文旅融合的规范性文件，《关于推进北京市文化和旅游融合发展的意见》（2019）提出围绕长城文化带和长城国家文化公园建设，开发一批有特色的主题探访线路，丰富产品服务供给。沿线地区依托境内长城品牌打造示范产业，不断增强长城品牌影响力以驱动区域产业转型升级。

在精品民宿品牌打造方面，北京市延庆区启动首个民宿集群项目，打造"石光长城"等六大民宿品牌（2019.8）；河北唐山建设"长城人家"休闲度假品牌（2019.9）；山西朔州共建打造"长城博览在山西·精品揽要在朔州"主题民宿品牌（2019.11）。在特色小镇品牌打造方面，山东青州航空科技博览基地着力建设长城文化特色小镇（2019.4）；河北张家口以生态文旅体育特色区域实现外长城全域系列特色小镇建设（2019.10）。

在研学旅游品牌打造方面，越来越多的教育、文化机构开始重新关注和审视长城文化，组织

"唤醒长城计划"、"知行长安"及"国家长城遗产廊道示范点项目"等研学旅游，提升青少年对长城文化的认知程度与保护传承能力。张掖市山丹县与中信旅游集团有限公司在北京签订《合作框架协议书》，打造山丹汉明长城历史文化研学旅行营地（基地）（2019.1）。北京八达岭古长城景区和河北金山岭长城景区被授予"长城保护研学基地"称号，以长期开展长城保护的宣传教育工作（2019.7）。天津市黄崖关长城建设落成津港澳青少年交流基地，旨在通过交流基地增强津港澳三地学生对长城雄伟壮丽和古老文化底蕴的体验，进而增强其对祖国的认同感和归属感（2019.8）。嘉峪关市长城博物馆成功申报为全省第一批省级社会科学普及教育基地，同时嘉峪关丝路（长城）文化研究院设计推出以长城防御历史体系为线索的旅游、探险、学习为主的长城研学路线，让青少年深入接触和领悟长城精神（2019.12）。

案例 4-4   山丹汉明长城历史文化研学旅行基地建设

伴随着文旅融合向深层次推进以及素质教育理念的强化，研学旅行的市场需求持续扩大，其形式和体系逐步丰富和完善。依托长城等历史文化资源以及独特的自然环境，张掖市山丹县已经发展成为户外研学体验的知名基地。2019 年以来，山丹县规划扩建了新河驿长城文物陈列馆、大型停车服务区、慢行步道、房车营地等基础设施。

2019 年全年，山丹县不断推动历史文化研学旅行基地建设并完善相关配套体系，有序承办研学体验相关主题活动。山丹长城沿线旅游活动参与者涵盖在校学生、社会人士等多种群体，受到社会各界人士的好评。1 月，山丹县与中信旅游集团正式就山丹汉明长城历史文化景区和研学基地建设签订合作协议，由此推动相关工作也进入了实质的推进环节。两方将联手深度挖掘河西走廊的历史与文化内涵，优化研学旅行活动的配套课程体系，以期实现"一带一路"国家级研学旅行营地（基地）品牌建设的目标。4 月，研学基地项目在建设中推进，进一步将其功能形式细化为研学旅行、生活体验、室外拓展等，同时表明将以长城文化为基础，推动新河长城驿、峡口古城生态农业旅游观光示范园等项目的有序落实。

7 月，连续多年在山丹县成功举办的主题实践活动——北京大学"丝路行知集结号"（张掖）研学活动在县境内峡口古城开营，由北京大学经管学院的企业家与师生组队完成包含研学徒步、山地露营、半程马拉松在内的多项户外任务（图 4-6）。该活动全程路线贯穿山丹县境内汉明长城、焉支山等地，是结合长城等历史文化资源和自然风光的行知合一的深度实践课堂。在活动举办过程中，县委、县政府在营地平整、交通、电力、应急、供水、通讯、医疗、安全保卫、食品安全保障等各项工作中组织有序，使活动取得了良好的效果。

图 4 – 6　2019 年北京大学"丝路行知集结号"（张掖）研学活动
（来源：中国张掖网）

在体育与文娱品牌方面，系列化与主题鲜明的体育活动、文化活动的等相继开展。北京以"长城聚首·壮美中华"为主题举办八达岭长城文化节（2019.10），举行"点亮八达岭夜长城"、非遗演出"长城打铁花"等活动。慕田峪举办第二届"长城文化·中华国礼"的文创大赛（2019.6），全力推动慕田峪长城文创产业建设；阴阳音乐节在金山岭长城举行（2019.6）。以"用脚步丈量历史，用行动保护长城"为主题的第一届金山岭长城徒步大会（2019.1）、长城（嘉峪关）马拉松赛（2019.8）、样边长城越野赛（2019.9）等体育项目相继举行。这些品牌有助于长城国家文化公园实现增强人民群众文化自信心的发展目标，有利于践行向世界讲好中国故事的理念，提高文化价值认同度。

案例 4 – 5　天津黄崖关长城国际马拉松赛

黄崖关长城国际马拉松创办于 1999 年，现已成为 AIMS（国际马拉松和路跑协会）的重要马拉松赛事，于每年五月的第三个星期六在中国天津蓟州区黄崖关长城风景区举办。该赛事拥有 5164 级台阶的困难级别赛道，要求参赛者拥有足够的耐力、体力、平衡力，是最具有挑战性的冒险马拉松之一，位列"全球十大最酷马拉松路线"之中。

难度极大的马拉松路线每年吸引来自世界各地的跑者前来挑战。在该路线上，参赛者不仅能够挑战自我，还能够目睹长城的风采。另外，原生态的赛道和具有独特文化韵味的民俗风情，都是非常具有吸引力的要素。参赛者在体验比赛的同时，还能饱览沧桑的古城雄关、秀美的山川河谷、宜人的田园风光和古朴的村落民风，充分感受中国北方独特的文化韵味和民俗风情，天津黄涯关长城国际马拉松赛是一项集刺激性、观赏性、体验性于一体的高品位体育旅游活动。

由于赛事难度大、沿途景色佳，黄崖关长城国际马拉松每年都吸引着来自世界各地的跑者参与其中。外籍参赛选手的比例甚至高达 90%，通过参与产长城马拉松赛事，不仅能够挑战自我，还能够通过观赏、攀登长城感受长城文化、深化对长城的价值认知（图 4 - 7）。

图 4 - 7 2019 年黄崖关长城马拉松比赛盛况
（来源：搜狐网）

五、智慧管理长城遗产地，优化国家文化公园建设质量

近几年，部分长城景区接待人流逐渐增大。2019 度接待量超过 100 万人次的 5A 级景区（表 4 - 2）有：北京八达岭长城旅游景区、北京慕田峪长城旅游景区、山西雁门关旅游景区、甘肃省嘉峪关文物旅游景区、河北秦皇岛山海关旅游景区、宁夏宁武水洞沟旅游景区。如河北山海关古城 2019 年年博会接待旅游人数达 107.85 万人次，同比增长 111.5%；依托长城资源的景区如敦煌市玉门关—阳关景区年接待游客量约 60 万；北京古北水镇景区全年接待客流 239.37 万人次；天津蓟州区下营镇常州村农家院入住人数增加 50%，村民实现大幅增收。

表 4 - 2 2017—2019 年长城景区接待量统计表

遗产地	北京八达岭长城景区	河北山海关景区	甘肃嘉峪关文物景
2017	932.4	295.5	146.0
2018	990	383.8	146.0
2019	1035.1	424.9	170.7

与此同时，智慧景区项目建设迎来新的进展。长城景区将科技用于景区流量管理、创造美好生活体

验等项目中，提升服务质量与管理体系。八达岭长城景区十一黄金周共接待游客 32.61 万人次；自预约限流正式实施至年末，共发布红色预警启动限流 20 多次，有序分流劝返未预约游客近 20 万人次。古北水镇在现代景区建设的实际服务与"公有云"和"私有云"的经验结合下，建立起适于需求的平台系统，提升游客体验。八达岭景区与国内其他七家景区成立"目的地智慧旅游联盟"，以"目的地 + 智慧旅游"打造产品和服务体系，建设 LOTS 平台"长城内外"，为提供更加便利便捷、智能智慧的高品质服务提供新路径。

案例 4 - 6　八达岭长城景区成为全国首个试点预约限流的长城类景区

八达岭长城作为万里长城的精华，中华民族的象征之一，历来受到国内外游客的喜爱。无数游客奔赴八达岭攀登一览长城的雄伟风光。但是，巨大的客流量造成了长城景区许多的游客管理问题，如由于人流过多造成的排长队、观览体验差，旅游服务不到位等。更值得关注的还有长城的保护危机，巨大的客流量导致了墙体的拥挤踩踏事件、砖墙的触摸以及刻字等不文明现象频发。由此所见，超过承载力的人流及其不可控的行为对长城本体保护造成极大威胁。游客管理问题已成为八达岭长城景区亟待解决的难题之一，也促使游客限流获得更多关注，并推动相关措施实施。

八达岭长城景区根据《景区最大承载量核定导则》科学测算出景区日最大承载量为 10.8 万人次，景区日最佳承载量为 6.5 万人次，并最终将 6.5 万人次作为景区的每日最大限制游客流量。同时，景区建立了三级预警机制，按照日最佳承载量的 60%、80%、100% 划分三级预警响应，并分别以黄、橙、红三个颜色赋予警示。除了建立预警机制，八达岭长城景区同样配备了相应的应急程序。当游客量超过预警值时，景区将根据实际情况采取分段截流、循环分流、智慧控流等手段进行人流控制。其中，分段截流主要是针对游览区各个节点及服务点开展调整措施，如控制游客攀登速度并进行疏导安抚工作，调整索道和滑车的乘客数量并实行游览单循环，暂缓检票等举措；循环分流则是从交通动线的角度控制人流，如间断关闭京藏高速 58 出口，调整景区发车频次等；而智慧控流是从信息化的角度提前截断人流，如及时发布门票剩余信息并通过签约旅行社、官方网站以及交通路况等渠道公布预警提示信息，实时提供景区的人流状况以控制后续游客的增长。

据此，2019 年 6 月，八达岭长城开始实施全网络实名制预约售票。自开启全网络实名制预约售票并限流后，八达岭长城景区有效减缓了景区排长队的问题和关键节点人员密集的问题，同时在"五一""十一"等黄金节假日中凸显了削峰填谷的作用。如 2021 年五一节假日期间共接待游客 22.1 万人次，对平缓淡旺季客流量之差起到了有效的作用，同时日均游客也较为均衡，维持在 4 万人次左右。这些使得游客的体验度逐渐上升，游客管理方面的难题也逐渐迎刃而解。而客流量的控制不仅对游客的体验舒适度有所提升，也对长城本体的保护有一定的积极影响。人流量的减少使得墙体踩踏以及触摸、刻字等现象也逐渐减少，长城砖墙等本体的保护也更加容易开展。本体承载力始终控制在合理范围内，其所受的损害也降低，这对长城的开放利用而言无疑是极为重要的。随着大数据技术的发展，未来八达岭长城景区将以游客游览高峰时段为依据实施分时段预约购票，将限流管控机制朝着科学化、精细化的方向发展。

第三节　国家文化公园建设催生长城开放利用的新趋势

2019 年，《长城、大运河、长征国家文化公园建设方案》审议通过并印发，强调"要以习近平新时代中国特色社会主义思想为指导，全面贯彻党的十九大精神，以长城、大运河、长征沿线一系列主题明确、内涵清晰、影响突出的文物和文化资源为主干，生动呈现中华文化的独特创造、价值理念和鲜明特色，促进科学保护、世代传承、合理利用，积极拓展思路、创新方法、完善机制，到 2023 年底基本完成建设任务，使长城、大运河、长征沿线文物和文化资源保护传承利用协调推进局面初步形成，同时推动权责明确、运营高效、监督规范的管理模式初具雏形，形成一批可复制推广的成果经验，为全面推进国家文化公园建设创造良好条件"。在国家文化公园建设国家战略背景下，未来长城开放利用在发展模式、发展理念、治理体制机制、功能目标与创新等方面迎来新要求与新挑战。

一、国家文化公园成为未来长城开放利用的新模式

长期以来，长城以旅游景区、风景名胜区、博物馆等传统开放利用模式为主。2017 年，《关于实施中华优秀传统文化传承发展工程的意见》确定，"要规划建设一批国家文化公园，成为中华文化重要标识"；《十三五时期文化发展改革规划纲要》具体提出："依托长城、大运河、黄帝陵、孔府、卢沟桥等重大历史文化遗产，规划建设一批国家文化公园，成为中华文化重要标识。"2019 年 7 月，中央全面深化改革委员会第九次会议审议通过《长城、大运河、长征国家文化公园建设方案》；12 月，中共中央办公厅、国务院办公厅印发《方案》，明确规定长城国家文化公园建设范围涉及北京、天津、河北、山西、内蒙古、辽宁、吉林、黑龙江、山东、河南、陕西、甘肃、青海、宁夏、新疆 15 个省区市，预计 2023 年底基本完成建设任务，要求全国长城遗产地相关省市积极融入国家文化公园建设。这标志着"国家文化公园"作为国家推进实施的重大文化工程，成为未来中国长城遗产地重点建设工作内容和长城开放利用的主流新模式，将从顶层设计上引领带动全国长城开放利用工作、全面提升长城保护利用传承质量。

二、国家文化公园建设强化长城开放利用的文化传承理念

"保护为主"长期作为我国文物工作的统领原则，为我国文物开放利用奠定了坚实的资源基础，

同时也严格限制了文物开放利用的强度和方式。2018 年，中共中央办公厅、国务院办公厅印发《关于加强文物保护利用改革的若干意见》，要求坚持"创造性转化、创新性发展、强化国家站位、主动服务大局、加强文物价值的挖掘阐释和传播利用"的基本原则，落实"创新文物价值传播推广体系，广泛传播文物蕴含的文化精髓和时代价值"的时代任务。2019 年，文化和旅游部部长雒树刚在全国文化和旅游厅局长会议中提出，"加大文化遗产的阐释传播力度、加强文化遗产的传承能力建设"是我国文化和旅游工作的重点任务。党的十九届四中全会提出，"弘扬中华优秀传统文化、革命文化、社会主义先进文化"是我们坚定文化自信的基本依据之一。可见，党和政府对文物保护利用传承的重视程度持续提高，也使得我国文化遗产工作理念从保护为主向"保护为底、突出利用传承"转变。《国家文物保护利用示范区创建管理办法（试行）》（2019）的施行更是加快了长城开放利用的步伐。《长城保护总体规划》（2019）也明确提出保护与展示传承遗产价值是新时期长城遗产工作的核心任务。未来，随着《文化遗产保护利用"十四五"支出规划》、《全国不可移动文物资源保护利用专项规划纲要》等文件的编制，及《长城、大运河、长征国家文化公园建设方案》（2019）的施行，长城开放利用工作将日益凸显文化传承的重要性。在国家文化公园建设新情境下，保护、开放利用长城文化遗产、传播长城优秀文化、满足国民精神文化需求将是长城开放利用的核心使命。

三、国家文化公园建设促进长城开放利用的现代化治理改革

长期以来，长城开放利用体制以属地管理为核心，具有高度分权特征，并且受多元利用主体的分散决策制约，这正是长城整体保护与统筹管理面临的主要矛盾。2019 年，党的十九届四中全会提出，完善"文化和旅游融合发展体制机制"是推进国家治理体系和治理能力现代化的重要举措。实施公园化管理运营，完善国家文化公园建设管理体制机制成为长城国家文化公园建设的主要任务之一。在自然遗产领域，我国已率先推行了国家公园体制试点和机构改革工作，旨在构建以国家公园为主体的自然保护地体系。为了响应《中共中央关于坚持和完善中国特色社会主义制度、推进国家治理体系和治理能力现代化若干重大问题的决定》并打破长城保护与利用长期以来的体制禁锢，国家文化公园建设将成为我国文化遗产管理体制改革的重要突破口。借鉴以国家公园为主体的自然保护地体系的构建经验及国际先进的现代化治理理念，创建我国文化遗产现代化治理体系和提升我国文化遗产地现代化治理能力将成为长城开放利用体制机制改革的重要方向，主要包括构建"中央统筹、省负总责、分级管理、分段负责"的国家文化公园建设管理体制，以政府为主体、社会多元投入的资金保障机制，以人民为主体、多方参与的开放利用成果共享机制，以及科学、系统、创新、持久有效的传播传承机制。

四、国家文化公园建设凸显长城开放利用的社会性与人民性

2019 年，《长城保护总体规划》明确要求"长城开放利用应以文物保护为前提，以传承长城精神

为目标，坚持社会效益优先，推动有条件的长城点段逐步向社会开放，探索、创新展示利用模式，推动长城保护与地方经济社会发展良性互动"。党的十九届四中全会也强调，推进中华优秀传统文化传承发展工程要坚持以社会主义核心价值观为引领方向，文化产品的创作生产传播要坚持以人民为中心的工作导向，建立"以内容建设为根本、先进技术为支撑、创新管理为保障的全媒体传播体系"，建立健全把社会效益放在首位、社会效益和经济效益相统一的"文化和旅游融合发展体制机制"。长城是属于中国人民所共有的文物资源，是中华民族精神的象征，也是世界人民共享的世界文化遗产。在国家文化公园建设背景下，长城资源的社会属性和人民属性决定了适度开放、合理利用的必要性，也要求打破遗产地开放利用以经济效益为中心的发展格局，形成经济效益、社会效益、文化效益与环境效益可持续发展的综合格局，促进长城开放利用与人民群众精神文化生活愈加深度融合、开放共享。

五、国家文化公园建设激发长城开放利用的博物馆 IP 创新

博物馆是长城开放利用的重要形式，也是向公众传播长城文化遗产价值的重要场所。自 2013 年故宫开启一场"超级 IP 之旅"以来，越来越多的博物馆认识到文创 IP 的力量。2016 年 5 月，文化部、国家发展改革委、财政部、国家文物局等部门联合颁布《关于推动文化文物单位文化创意产品开发的若干意见》，明确提出要推动各类博物馆、美术馆、图书馆等文化文物单位发掘馆藏文化资源，开发文化创意产品等举措，为博物馆的文创 IP 研发提供了政策机遇。2019 年，国家文物局编制《博物馆馆藏资源著作权、商标权和品牌授权操作指引》，为博物馆开放分享文物资源信息及其文化创意产品开发相关授权工作提供了较为规范的指导依据。根据国家文化和旅游部数据，2019 年我国博物馆参观人次规模已达 11.47 亿人次，同比增长高达 9.9%。据 2019 年《新文创消费趋势报告》，截至 2019 年 6 月，阿里平台上 20 多家官方博物馆店铺的粉丝数量已累计超千万，且 90 后占比将近一半。随着国家对文创产业的扶持、消费升级及文化旅游的深度发展，依托博物馆的藏品或遗产地的遗产要素深度挖掘内容和故事以开发文创 IP 将成为长城开放利用创新发展的新动能和新增长点。具有历史性、艺术性、知识性、实用性、趣味性、环保性的文创 IP 与产品也成为长城开放利用满足越来越多年轻消费者的需要。在国家文化公园建设新情境下，长城博物馆面向市场开发不同长城文创 IP 并向不同市场群体销售长城文化产品，是实现长城遗产价值不断衍生、延续的重要路径，也是践行长城国家文化公园建设的重要举措。

第四节　长城国家文化公园建设的原则与策略建议

结合 2019 年长城开放利用的进展与新趋势，紧紧围绕着《长城、大运河、长征国家文化公园建设方案》的原则要求，即在"坚持保护优先、强化传承，文化引领、彰显特色，总体设计、统筹规划，积极稳妥、改革创新，因地制宜、分类指导"整体原则基础上，本报告提出新阶段长城国家文化公园建设工作的指导原则与优化建议。新时期，长城国家文化公园建设需坚持"保护优先与三元一体原则""突出传承与多方共享原则""多元融合与创新驱动原则"，同时发挥多元主体力量通过不同渠道与举措建立健全长城国家文化公园的理论体系、保障机制、文旅融合产品体系及数据平台。

一、长城国家文化公园建设的原则

保护优先与三元一体原则。为了响应遗产保护优先、可持续利用、以人为本、满足人民群众日益增长的精神文化需求及地方经济社会发展需求，长城国家文化公园建设目标应在"保护第一"基础上，坚持"人—遗产—地方"三元一体的可持续发展。立足新时期的发展需求，长城国家文化公园建设需转变过去以物为本的遗产保护理念，在保障遗产价值原真性与完整性的基础上，充分考虑人民群众的文化旅游需求，同时充分利用遗产价值衍生出更多的社会、经济、文化效益，以增强国民文化自信、促进遗产价值保护传承与地方发展可持续为根本目标。

突出传承与多方共享原则。在宏观层面，我国《文物法》（2017）规定保护文物是为了继承中华民族优秀的历史文化遗产；《关于加强文物保护利用改革的若干意见》（2018）明确指出新时代文物保护利用改革是为了传承历史文化，维系民族精神。在中观层面，《长城保护总体规划》（2019）明确提出保护与展示传承遗产价值是新时期长城遗产工作的核心任务；《方案》（2019）提出实现文物的保护传承利用功能，充分彰显中华优秀传统文化持久影响力是国家文化公园的核心目标之一。可见，我国文化遗产工作核心理念从保护为重逐渐转向保护利用传承并重的格局，将传承作为长城开放利用的核心目标。同时，"国家性""公益性""人民性""可持续性"也是长城国家文化建设的特质。立足价值保护与合理开放利用，长城国家文化公园需通过建设公共场所、设施与提供公共服务，将公共资源转化为共享资源，全面促进社区、地方、公众、企业、研究者等多方共享遗产保护成果。

多元融合与创新驱动原则。融合发展是长城国家文化公园建设的核心特征与趋势。文化＋旅游、文化＋自然、物质文化遗产＋非物质文化遗产、文化＋科技、城市＋乡村、本体价值＋时代价值是长城国家文化公园建设的六大融合领域。同时，长城国家文化公园建设需要大力弘扬创新精神，将技术知识、人才能力、社会资本、市场需求和制度规范作为创新驱动的"新钻石模型"，以五力共同驱动项目工程的创新发展。

二、长城国家文化公园建设的优化建议

深入研究长城遗产价值内涵，建立国家文化公园理论体系。一方面，深入挖掘长城整体价值内涵，把握长城精神的引领作用。鉴于价值认知的多元性，长城国家文化公园建设需对标世界文化遗产价值

与中国文物价值体系，构建长城整体价值的统一框架，具体可分为科学价值、历史价值、美学价值、精神价值、社会价值五大维度。其中，长城最突出、最核心的价值在于它所承载的精神价值，其基本内涵可归结为：团结统一、众志成城的爱国精神；坚韧不屈、自强不息的民族精神；守望和平、开放包容的时代精神；与时俱进、革故鼎新的创新精神。以长城精神统领各地长城国家文化公园建设，着重于挖掘打造长城精神的载体要素，让长城精神从抽象转向具象，通过统一标识、多元符号、整体推广、点段宣传等形式输出长城精神。另一方面，加强长城与国家文化公园的基础理论研究，深化社会各界人士的价值认知与理念认识。在长城价值认知方面，深入挖掘与研究各地长城资源特色、价值内涵、地域文化，真实地、完整地向公众展示与阐释长城的遗产价值，促进公众对长城整体价值与区域特色价值的认知，从而提升公众的遗产认同、文化认同强度以达到坚定国民文化自信的目标。在国家文化公园方面，扎实推进"管控保护、主题展示、文旅融合、传统利用"四类主体功能区范围界定与内容部署研究，深入分析与全面推广"文化公园、展示园/带/点、遗产廊道、风景道"等相关新概念内涵，为长城国家文化公园建设实践提供科学的认知框架与理论支撑。

深化管理体制机制改革，构建权责明确、多方合作的保障机制。一方面，加快文化资源管理体制改革，明确相关机构人员权责关系。当前文化资源管理体制导致的有责无权、权责不明等障碍在一定程度上使地方长城国家文化建设陷入停滞不前、效率低下、有规不建的困境。借鉴长城国家文化公园建设的试点实践经验、国际文化公园管理体制的有效模式及我国基于自然资源的国家公园体制建设先行经验，立足我国文化遗产与资源特点，加快建立以国家文化公园为主体的文化遗产保护地体系，明晰相关管理机构的权与责，以保障长城国家文化公园的建设和顺畅运行。另一方面，双向联动建设长城国家文化公园。纵向上，建立"国家—省—地方"与"地方—省—国家"两类自上而下与自下而上的三级双向联动反馈机制，深化地方对中央建设长城国家文化公园的战略需求的理解，同时促进中央对地方建设长城国家文化公园发展诉求的关注，避免中央与地方发展诉求的脱节。横向上，建立地方跨区域合作共建长城国家文化公园的联动机制，以打破目前长城国家文化公园整体统筹规划、执行各自为政的困局，避免重复设计、重复建设造成的巨大浪费、同质低质竞争的新困局，转而将不同区域的资源点统摄到同一主题、统一建设框架中。

促进长城文创IP与业态创新，建立多元的文旅融合产品体系。一方面，依据国家文物局的《博物馆馆藏资源著作权、商标权和品牌授权操作指引》（2019），借鉴故宫及国外博物馆文创IP成功案例经验，长城文化遗产地及其博物馆单位需增强文物活化利用的创新意识，面向大众市场研发具有历史性、艺术性、知识性、实用性、趣味性、环保性的长城文创IP与产品体系。另一方面，长城国家文化公园的文旅融合主题功能区需针对新旅游"十八要素"进行业态创新，具体包括"吃、住、行、游、购、娱、厕、导、智"九大基础要素及"商、养、学、福、情、奇、文、体、农"九大发展要素，为沿线地区注入多元化的发展活力。

推进长城与科技深度融合，建立多方共享、交流的数据平台。建立长城国家文化公园数据库，整合共享全国长城资源信息。依托 VR、云储存、大数据等技术，建立涵盖长城国家文化公园保护、利用、展示、传承等活动信息的数据库，为遗产地管理者、经营者、社区居民、大众游客、研究者提供共享长城文化遗产资源信息的云平台。首先，结合数据库建设原则与长城遗产地数据实情，构建可操作、可延伸的长城国家文化公园数据框架；其次，建立数据采集、上传、共享机制，整合全国长城资源信息；最后，结合信息真实性、安全性、选择性原则向不同用户开放、分享，打破长城资源共享的物理、空间、制度等屏障。

第五章　长城保护价值传播与社会参与

2019 年 8 月 20 日，习近平总书记在甘肃考察时登临嘉峪关，再次强调长城的价值与意义。他指出："长城凝聚了中华民族自强不息的奋斗精神和众志成城、坚韧不屈的爱国情怀，已经成为中华民族的代表性符号和中华文明的重要象征。要做好长城文化价值发掘和文物遗产传承保护工作，弘扬民族精神，为实现中华民族伟大复兴的中国梦凝聚起磅礴力量。"①

2019 年 1 月发布的《长城保护总体规划》，突出社会力量参与长城保护利用和传承发展的作用。《规划》强调，要在落实政府主导的基础上，完善社会力量参与相关政策和措施，鼓励各地探索设立长城保护员公益岗位，鼓励志愿者、社会团体参与长城公益服务，鼓励企事业单位参与，不断拓宽经费渠道，营造全社会共同参与的良好氛围。全面推进长城保护利用和传承发展，发挥长城在传承中华文化、弘扬中国精神中的独特作用，既需要充分发挥各级政府主导作用，也需要广泛动员社会力量参与。

2019 年，社会力量参与长城保护利用的深度和广度进一步拓展，价值传播力度不断加大。腾讯基金会在与中国文物保护基金会的合作过程中，始终将长城文化传播作为重要内容，不仅为长城保护带来新理念、新技术，而且将长城主题植入到游戏、动漫、网络专栏、文创产品中，利用新媒体和互联网，吸引了更多年轻人关注和参与长城保护；以中国文物保护基金会为代表的社会组织主动担当社会责任，在资金募集、长城保护修缮、学术研究、宣传推广等方面作用突出，在政府、企业和公众之间架起有益桥梁。长城保护联盟又添新成员，增至 42 家，各成员单位积极组织学术研讨会、长城文化节、文化创意产品开发、长城保护员培训、志愿者招募等活动，在更大范围内传播长城的文化价值和文化内涵，提高公众对长城的认知，凝聚长城保护的全民共识。

---

① 习近平：团结一心开创富民兴陇新局面，新华社，2019 年 8 月 22 日。

第一节　互联网助力长城保护取得新突破①

互联网企业腾讯与中国文物保护基金会的合作继续深入，企业不再是简单的资金捐赠者，而且成为保护修缮项目的深度参与者，同时也是文化产品的重要研发者，将长城保护社会参与推进到新的阶段。

一、互联网公益基金募集

中国文物保护基金会与腾讯公益慈善基金会合作发起的"保护长城加我一个"为主题的长城保护公募项目，是一次文化遗产保护与互联网科技跨界合作的尝试，在保护理念、管理机制、科技手段、资金来源等方面都有创新，取得了良好的社会反响。

2019年，该项目又有新突破。资金渠道进一步拓宽，腾讯公益慈善基金会、维沃移动通信有限公司（vivo）、东莞市永盛通信科技有限公司（OPPO）、深圳前海微众银行等企业共捐资2000万余元。另外众筹也吸引广泛参与。截至2019年7月，36万余人通过腾讯互联网公益平台实现保护长城的公益梦想。

筹款期间，中国文物保护基金会及时披露资金信息和项目进展情况，举办"长城之友大讲堂"，普及长城保护知识，主办长城保护工程理念与实践研讨会，利用腾讯公益平台推出动漫宣传短视频，制作H5通过微信向捐款人反馈信息，在节假日期间向所有捐款人推送致谢微信。这些新颖的方式增加了项目举办者与捐赠人的互动，达到了宣传长城文化，提高公众长城保护意识的目的，也使参与者有实实在在的获得感，成为文化遗产领域关注度较高的公益项目。

二、传统文化活动上线

2019年，中国文物保护基金会与腾讯共同推出传统文化线上活动，通过3D技术渲染出中秋圆月与长城夜景，中秋佳节之际，全球华人在长城上共赏明月（图5-1）。双方共同完成媒介传播，在中国文物报、人民日报、工人日报、光明网、中国经济网等纸媒和线上媒体平台进行广泛传播。在9月13日傍晚5点上线至9月14日24点，共有40万独立用户计50万人次体验，2天带动"保护长城，加我一个"项目3万余元捐赠。社会舆论对于该数字体验的美术设计、概念创意、美好寓意等方面均给予高度评价。该项目设计2019年获得了英国FWA当日最佳创意奖。

---

① 资料来源：中国文物保护基金会。

图 5-1　线上活动——中秋万里共婵娟

（图片来源：中国文物保护基金会）

三、互联网小游戏助力大工程

2019 年，中国文物保护基金会联合微信共同创作了文化传播与公益宣导于一体的小程序小游戏，以烧砖为突破点了解长城修缮制砖过程，助力长城修缮工作（图 5 - 2）。《一起修长城》上线首月，每日平均新增人数约 600 人左右，访问次数约 1600 次，人均访问约 2.3 次，人均停留时长 210 秒左右。运行 1 年后，日访问量有所下滑，但人均登录次数依旧保持 2.3 次的水平，人均停留时长在 220 秒左右。该小游戏设计将可玩性和科普性进行了更好的结合，为长城的推广和保护修缮探索了新的方向。

该小游戏还开发了中英双语版，在第 43 届联合国世界遗产大会边会现场推送，向世界各国展示了传承和保护传统文化的一种新的可能性（图 5 - 3）。各国文化遗产界政府官员现场体验小游戏，给予高度评价。该小游戏让更多人了解长城的精神内核，共同参与到长城的保护与传承之中，通过历史文化的传承项目，实现了现有玩家与外围群众关注点之间的平衡，也达成了游戏推广与公益内容之间的平衡，进而带动了更多人关注以长城为代表的中华民族文化遗产。

图 5 - 2　互联网小游戏《一起修长城》
（图片来源：中国文物保护基金会）

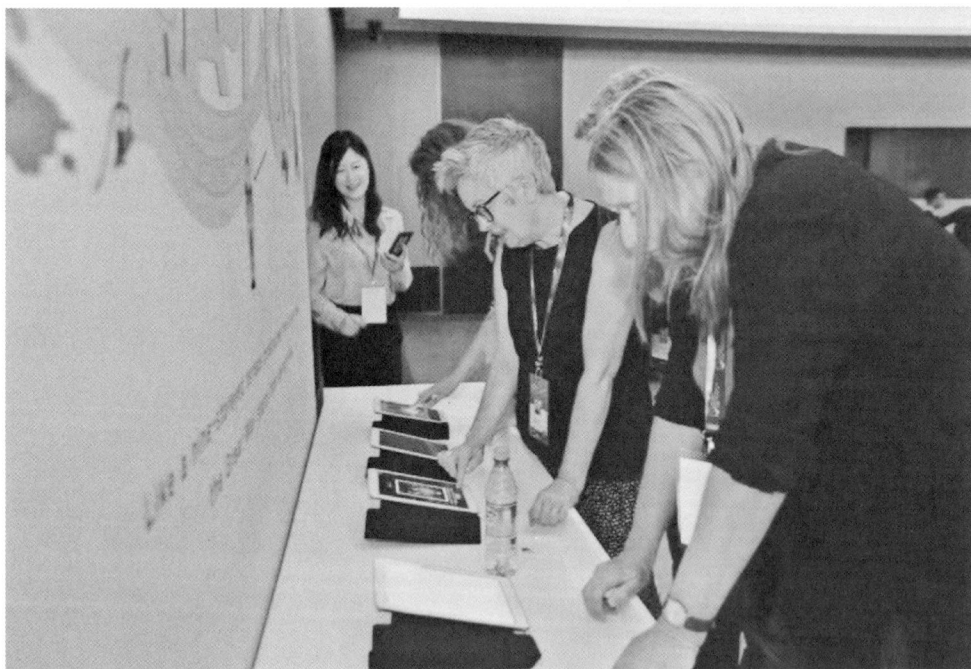

图 5 – 3   第 43 届联合国世界遗产大会边会现场推送《一起修长城》小游戏
（图片来源：中国文物保护基金会）

第二节   长城保护社会联盟团体不断壮大

随着长城保护传承社会关注度的不断提高和各项工作任务的开展，长城保护的社会团队不断壮大。

由中国文化遗产研究院等机构牵头的长城保护联盟又添新成员，增至 42 家，各成员单位积极组织学术研讨会、长城文化节、文化创意产品开发、长城保护员培训、志愿者招募等活动，在更大范围内传播长城的文化价值和文化内涵，提高公众对长城的认知，凝聚长城保护的全民共识。

河北省长城保护协会成立。2019 年 3 月 19 日，河北省长城保护协会在石家庄市召开成立大会，大会审议并表决通过《河北省长城保护协会章程（草案）》《河北省长城保护协会选举办法（试行）》《河北省长城保护协会财务管理规定（讨论稿）》等相关规定。河北省长城保护协会旨在进一步发挥专业力量优势，组织开展长城保护、利用和研究的各项活动，要加强宣传推介和交流，扩大长城在国内外的影响力，营造长城保护的良好氛围，促进经济社会全面发展。

临洮县长城文化研究会成立。2019 年 7 月 30 日，临洮县长城文化研究会成立，研究会旨在进一步深入研究、挖掘、保护和宣传临洮县战国秦长城文化资源，并以长城文化研究为突破口，把研究的领域扩大到临洮历史文化的大范围，全景式挖掘临洮的深厚历史文化资源，展现临洮文化的魅力；参与临洮长城文化公园重点项目建设，大力发展文化产业，全力打造以长城文化为基础，马家窑文化、寺洼文化、辛店文化等为主的文化圈，展示临洮的地域特色文化，为打造文化强县助力，同时大力弘扬以长城为象征的中华民族伟大精神。

"爱先行青龙长城志愿者保护分队"成立。2019年10月，"爱先行青龙长城志愿者保护分队"成立，这是青龙首家由志愿者组成的长城保护团队。保护分队旨在配合青龙当地各片区的长城保护员做好长城保护宣传工作，倡导全民提高对长城的保护意识，做好长城文物保护和环保工作。保护分队共有志愿者24名，他们积极配合与青龙文物保护所组织的长城保护活动，并组织志愿者去各个长城点进行长城保护理念宣传、捡垃圾，开展长城保护的一系列宣传活动。

山西省长城摄影协会朔州市分会成立。2019年7月27日，山西省长城摄影协会朔州市分会成立，朔州市广大摄影爱好者有了自己的组织，也有了一个互相学习、相互交流、相互切磋技艺和展示摄影成果的平台。朔州分会用摄影的手段弘扬长城历史文化，发掘抢救、拍摄整理、保存研究长城文化，激扬爱国爱乡情怀，为保护家乡长城、进而促进家乡的长城旅游事业发展做出积极贡献。

第三节 长城文化传播深度和广度不断拓展

"长城的发展历史体现了我们这个民族对于生存与发展、现实与未来、自己与'他者'的深刻认知和体验，这一文化基因历数千年磨砺愈益完美而坚实。长城虽然绵亘于地球的东方，但对农耕文明的保护与促进，对农耕文明与草原文明的相克相融，起到了极大的作用。我们常说，长城在中国，但也属于世界，就包含了这层意思在内。因此，研究好、保护好长城，让长城文化走向世界，传诸后世，是每位长城学人为民族、为人类而承担的光荣使命。"① 为更好地传播长城文化、弘扬长城精神，2019年，各级政府、文化文物部门、旅游部门、专业机构、企业、社会组织、志愿者、新闻媒体都发挥各自优势，组织开展了内容丰富、形式各异的宣传教育活动，在全社会传播长城文化、弘扬长城精神，长城文化的感召力和影响力不断增强。

一、长城文化节庆会展活动异彩纷呈

做好长城保护管理工作的同时，长城沿线各级政府和文物部门也重视长城保护宣传工作，主动传播长城价值意义、保护技术和法律制度，积极争取社会各界支持和参与。各级政府部门及文物保护专业机构通过文化遗产日主题活动、校园公开课、文化节、长城专题展览、普法宣传教育讲座等各种形式开展了内容丰富的保护长城系列宣传教育活动。除传统每年一度的天津黄崖关长城国际马拉松赛事、5月18

---

① 中国长城学会会长许嘉璐给2019年10月30日在北京召开的中国长城文化学术研讨会的贺信。

日"宁夏长城保护宣传日"外,长城文化节庆会展活动的组织层级更高,合作领域更加广泛。

北京举办长城文化节。由北京市委宣传部、北京市文化和旅游局等单位共同主办的 2019 北京八达岭长城文化节 10 月 19 日启幕,北京、天津、河北等长城沿线省份的代表以及从事长城保护、文化产业代表 400 余人,相聚在八达岭长城脚下,共议长城保护与长城文化传承。文化节围绕保护长城、生态长城、文化长城等主题,以北京长城文化带建设为依托,搭建全国长城保护发展的交流平台,诠释"长城精神",彰显北京在全国长城保护发展中的重要地位和长城文化带建设成果。北京市怀柔、延庆等区组织了长城音乐节、长城文化节等活动。长城文化节聚焦长城文化带建设,有效提升了长城的认知度和影响力。

"我爱你中国"灯光秀点亮八达岭长城。在中华人民共和国成立 70 周年之际,雄伟的八达岭长城点亮灯光秀(图 5-4)。夜幕下的八达岭长城古老苍劲,在灯光的映照下仿佛一条巨龙飞舞群山之间。"祖国万岁""我爱你中国"9 个金色大字逐一显现,为新中国 70 华诞送上祝福。北一楼至北三楼灯光璀璨,由 600 余台灯光组成的 340 米灯光红毯沿着城墙蜿蜒向上,在夜幕的映衬下勾勒出长城的身躯,气势恢宏、蔚为壮观。9 组冰屏组成"祖国万岁""我爱你中国"逐一点亮,与夜晚的长城交相辉映,展示出长城作为中国地标、民族脊梁的磅礴气势,表现祖国锦绣山河人杰地灵的大国气韵以及全国人民对祖国大好河山的热爱与自豪。[①]

图 5-4 八达岭长城"我爱你中国"灯光秀
(图片来源:视觉中国)

---

① "我爱你中国"灯光秀点亮八达岭长城,人民日报,2019 年 09 月 30 日。

山西举办长城旅游节。2019 年，山西省文化和旅游厅、朔州市人民政府举办 2019 塞上朔州长城旅游节暨中国民宿投资（朔州）峰会。此次活动分为 2019 塞上朔州长城旅游节、烽火边塞旅游文化嘉年华、2019 "长城博览在山西、精品揽要在朔州" 长城旅游推介会、民宿投资峰会、"塞上风情" 长城旅游摄影展、长城旅游线路推介、朔州市乡村旅游和特色民宿培训等七大系列活动。旨在对山西长城文化旅游进行深入研讨，精心打造山西长城边塞特色旅游目的地。旅游节期间，为朔州市首批 "长城人家" 举行了揭牌仪式。

秦皇岛市举办最美长城系列评选活动。为进一步挖掘域内长城文化资源，让全社会更深入了解长城、感悟长城，推动全民参与保护长城，秦皇岛市开展了最美长城系列评选活动，最终评出 10 个 "最美长城段落"、10 个 "最美长城村落" 和 10 名 "最美长城保护员"。活动的举办有助于擦亮秦皇岛长城 "金名片"，更好地弘扬长城精神，激发广大干部群众的民族自豪感和自信心，不断凝聚起建设沿海强市、美丽港城和国际化城市的磅礴力量。

"长城活火计划" 第一站在秦皇岛落地。长城作为世界遗产，如何发挥其遗产该有的精神价值和社会价值，如何以保护带发展，以发展促保护，是如今我们必须思考和解决的问题。长城遗产分布不是点到点的简单聚集，而是由长城这一核心纽带串连起来的珠链状区域，作为一个有机的整体，它们共同记录着长城的形成和兴衰的历史，承载了相对完整的历史和文化信息。在国家提倡坚定文化自信，推动社会主义文化繁荣兴盛的今天，如何从单纯的长城遗产保护走向长城文化的再生，需要走出一条新的探索与实践之路。2019 年初，清华大学建筑学院文旅研究中心在中国长城学会、中国长城文化研究中心的支持下，发起了长城文化遗产廊道激活行动，该行动目标是以长城沿线地区具有代表性的城镇或村落作为节点区域，依托当地文化特色，对相关建筑、设施进行创造性的改造提升，助推沿线地区经济社会发展。"长城活火计划" 第一站项目圆满落地山海关古城，这不仅仅是山海关古城发展的一次探索，更是长城文化遗产廊道激活的样本。①

二、长城精神激发当代文艺创作

以长城为主题的当代文艺创作日益活跃，影视、音乐、绘本、文创产品等新作不断，创作内容更加关注长城保护与修缮等专业知识的展现，创作形式更加注重面向社会、面向公众，产生了良好的社会反响。

箭扣系列视频多角度介绍长城修缮工作。② 2019 年，中国文物保护基金会与《中国人的一天》、《新京报》合作推出箭扣系列视频，从修缮工人、工程师、长城专家、民间长城保护爱好者等角度跟

---

① "长城活火计划" 第一站在六百年古城圆满落地，海外网，2019 - 08 - 07，http：//m. haiwainet. cn/middle/3544244/2019/0807/content_31606601_1. html。

② 资料来源：中国文物保护基金会。

踪拍摄采访，全方位、多角度、多层级介绍箭扣长城修缮工作，表达创新的修缮理念和丰富的长城文化，获得巨大流量和社会广泛关注（图 5-5）。

图 5-5　箭扣系列视频
（图片来源：中国文物保护基金会）

截至 2019 年 9 月，4 期视频和图文在腾讯平台总流量共 878.7 万次，片均 217.45 万次；微博平台总流量共 656.2 万次，其中新京报我们视频创建微博话题#英国人在长城捡垃圾 22 年#，达到实时热搜第 3 位，阅读 1.6 亿，讨论 2 万，秒拍播放量 1107 万；截至 7 月，快手平台总流量共 956.1 万次。第 1 期视频获腾讯网首页推荐，其中，《箭扣长城"重病缠身"63 岁老头徒步登山数百次指导修缮》入选双插件模块。该系列获得腾讯新闻 APP、微信插件、网页首页共 12 次不同形式推荐。

表 5-1　项目成果及传播渠道列表

标题	时间	时长	图文（腾讯网）	腾讯新闻	新浪微博	新京报 app
揭秘箭扣长城修缮工程：不用机械老汉带"骡子队"驮料上山	2019 年 7 月 1 日	7 分 16 秒	https：//view. inews. qq. com/ a/20190701A0 PC6T00	http：//v. qq. com/x/page/k0 892r9tu4d. html	https：//m. weib o. cn/612464 2021/4389 669212946556	https：//m. bjnews. com. cn/detail/ 156690212814175. html
"中国最危险的长城"长啥样？修了 15 年长城的 63 岁老头告诉你	2019 年 7 月 8 日	5 分 38 秒	https：//view. inews. qq. com/ a/20190708A 07SPB00	http：//v. qq. com/x/page/ r0896mm2pf8. html	https：//m. we ibo. cn/6124 642021/439 2172318919767	https：//m. bjnews. com. cn/detail/ 156265335114340. html

续表

标题	时间	时长	图文（腾讯网）	腾讯新闻	新浪微博	新京报 app
跟历史专家爬最险箭扣长城，揭秘它 500 年屹立不倒的独特技艺	2019 年 7 月 16 日	4 分 21 秒	https：//view. inews. qq. com/ a/20190714A 0BBZW00	http：//v. qq. com/x/page/ k0899wl3ulo. html	https：//m. weibo. cn/612464 2021/439471252 3609774	https：//m. bjnews. com. cn/ detail/15669021 2814175. html
62 岁老外痴迷长城捡垃圾 22 年曾被拘留、驱逐	2019 年 7 月 23 日	6 分 44 秒	http：//view. inews. qq. com/ a/20190722 A0FSSK00	http：//v. qq. com/x/page/ a09023tk8bk. html	https：//m. weibo. cn/6124 642021/43972 09590242812	https：//m. bjnews. com. cn/ detail/1563859 10514320. html

　　纪录电影《筑城纪》再现长城保护场景（图 5 - 6）。该片采用真实电影的观察式拍摄手法，并利用航拍、水下拍摄等技术，以长城修缮工程为背景，由参与的个体人物穿针引线，主要拍摄维修现场、长城砖烧制地点，对修缮工、长城边的居民、参建各方的故事进行挖掘，将长城的功能、美学、经济、精神象征等多重意义重新解读并传递给大众。该片 2019 年入选加拿大多伦多纪节（Hotdocs Forum）主会场提案；2020 年入围香港电影节—香港亚洲国际电影投资大会（HAF）WIP 电影计划。①

图 5 - 6　纪录电影《筑城纪》
（图片来源：中国文物保护基金会）

　　《走遍长城》大型人文地理纪录片启动。2019 年 1 月 19 日，在北京民族文化宫正式启动《走遍长城》大型人文地理纪录片。该纪录片由中国长城学会公益传统文化发展委员会、中国民族艺术馆支持，北京升达文化传播有限公司出品。长城记录着丰富的历史文化信息，促进了各民族在经济、社会、文化和艺术等领域的交融，是我们伟大祖国灿烂文化的缩影，是中华民族历经磨难而自强不息的象征。

---

　　①　资料来源：中国文物保护基金会。

实现中华民族的伟大复兴是近代以来中华儿女最伟大的梦想。该纪录片以弘扬"祈求和平、维护一统、促进交融、聪慧勤劳"的长城精神为目标，挖掘长城 2000 多年的文化历史内涵的同时，把长城沿线的 15 个省（自治区、直辖市）各地特色、文化、旅游、经济、社会的交融展现出来。以有形的长城为纽带，将长城的空间从国内延展至国外，领会习近平总书记倡议的人类命运共同体及"一带一路"所体现的中国智慧和中国方案，通过拍摄长城沿线的边境各国人民与我国各族之间的和睦相处、经济融合、文化包容、社会祥和的画面展现出来。

纪录电影《爱我长城》首映。2019 年 11 月 1 日，纪录电影《爱我长城》在东北大学秦皇岛分校举行全国大学首映礼。长城凝聚了中华各族人民最珍贵的爱国主义历史情感，宣传长城、保护长城，就是弘扬其内在的爱国主义精神。东北大学是一所具有光荣爱国主义传统的大学，纪录电影《爱我长城》在这里首映既是献给中国长城研究院成立大会的特别贺礼，又在全校开展了一次生动的"不忘初心、牢记使命"主题教育学习，让大家通过观影深刻感悟老一辈革命家和几代长城人保护长城、传承长城文化的爱国主义情怀，为国家的发展和民族的复兴贡献自己更大的力量。

大型原创交响乐《长城》首演。2019 年 6 月 24 日，由北京、陕西两地文联及音乐家协会等单位联合主办的大型原创交响乐《长城》在国家图书馆音乐厅首演。《长城》以北京长城文化带建设为背景，通过展现长城的历史风貌，讴歌中华民族的悠久历史和灿烂文明。由 8 个作品组成，序曲《长城魂》展现了万里长城的雄奇与伟大；第一部分《烽火台写意》《长城古道》以及双胡琴协奏曲《致英雄·致爱情》用追忆的方式、以写意的手法描绘了金戈铁马的战争场面；第二部分交响音画《塞外长城尼卡哈》、交响诗《长城牧歌》和《长城与少年》以写实手法描述了回族的婚礼、蒙古族的牧歌、少年初见长城的兴奋，展现了长城脚下各族人民快乐幸福的生活场景；尾声《筑起我们新的长城》表达出长城不仅是中华民族精神的象征，更是世界人民友谊和平的纽带和象征。[①]

《长城绘》深入呈现和解读长城（图 5-7）。2019 年，中国文物保护基金会联合腾讯公益慈善基金会推出了科普绘本《长城绘》，该书采用国际化的信息可视化创作理念，将繁杂的长城资料以信息图、数据图、情境图等形式绘制出来，从历史、地理、建筑、文化、军事、生态和保护等多个维度对长城进行了深入的呈现和解读。全书 66 张长城图包含了 33 组专题、500 多幅原创信息图、100 余篇文献、30 多部中外专著内容，很多信息来自长城保护工作一线，信息考究，内容严谨。通过信息可视化的方式解读长城历史、地理、建筑、文化、军事、生态和保护等方面的长城知识。2020 年 4 月 23 日读书日，该书荣获 2019 年度"中国好书"。[②]

儿童剧将长城意向进行魔幻式现代表达。2019 年 12 月，中国儿童艺术剧院将 1992 年首演的经典剧目《长城有个黑小子》运用现代化舞台手段进行了重新创排，改名为《长城的传说》。剧目收集了

---

① 原创交响乐《长城》展现民族之魂，中国日报网，2019-06-27，http://epaper.ccdy.cn/html/2019-06/27/content_264572.htm。

② 资料来源：中国文物保护基金会。

图 5 – 7　科普绘本《长城绘》
（图片来源：中国文物保护基金会）

169 个与长城有关的民间故事，构建出孟姜女的孩子黑小子因为父母的离去而怨恨修长城，后来慢慢明白修建长城与百姓的平安相关，黑小子和老石匠、大将军以及众民兵一起用血肉筑起万里长城的故事。故事中通过童话的、魔幻的元素，探索"中国意向、现代表达"。

长城文化创意产品异彩纷呈。慕田峪长城杯文化产品创意大赛引发长城文创热潮。2019 年 6 月—10 月，第二届慕田峪长城文创大赛以"长城文化中华国礼"为主题，借助广大社会公众力量，深度挖掘长城文化，开发设计集文化性、创新性、实用性于一体的慕田峪长城文创产品。创作题材涉及慕田峪长城及所在区域的民俗、风情、人文、历史、景观、农特产品及特色美食等，鼓励使用生态环保材料及运用环保理念进行创新设计。大赛共收到作品投稿 1290 件，国内外 115 所高校参与大赛，该活动在社会上引起了一股长城文创的热潮。① 长城小站志愿者对长城文化非常热爱，他们有善于观察的眼睛和巧夺天工的双手，善于将长城故事与文化艺术相结合。为了让更多人感知长城，长城小站志愿者将长城故事与

---

① "长城文化·中华国礼"——2019 年慕田峪长城杯文化产品创意大赛颁奖仪式圆满结束，2020 – 01 – 01，https：//www.sohu.com/a/364149989_282223。

文化艺术相结合，精心设计了一件件构思巧妙的长城文创产品（图 5 - 8）：包括主题 T 恤衫、环保布包、长城将军棋、长城关隘活动毯、长城守军鱼鳞甲、手工烙制的葫芦画，结合古代"马市"概念，创设了"长城马市"，并将这些文创产品通过网络向全国推广，希望通过长城文创产品的展示和交流，向世人讲好长城故事，赋予长城新的生命，让更多的人感知长城、喜爱长城、保护长城。①

图 5 - 8　长城文创产品
（图片来源：长城小站）

---

① 资料来源：长城小站。

三、社会组织和志愿者活动丰富多彩

中国长城学会与 bilibili 联合推出万里长城保护计划。2019 年 12 月，中国长城学会与 bilibili 独家代理的一款深受年轻用户喜欢的游戏《Fate/Grand Order》联合推出万里长城保护计划，共同传播长城知识和文化，鼓励更多人投身到长城保护工作中。《FGO》作为万里长城保护事业公益伙伴，与中国长城学会一起深入内蒙古包头固阳实地探访秦长城，并以长城为主题拍摄纪录片，希望以年轻人喜爱的创新形式，向用户传达万里长城保护的必要性与决心。

北京科技大学"文迹"实践队宣传"保护长城，加我一个"项目。北京科技大学"文迹"实践队根据自己所学和经历，制作易拉宝和展板介绍北京周边长城，宣传"保护长城，加我一个"项目。他们制作调查问卷和有奖问答，细致地为社区居民讲解长城保护的相关知识。线下宣讲的同时进行线上直播互动，队员们以接力的形式，在直播平台上介绍活动进展、宣讲内容、记录每位社区居民的互动。在介绍完项目后，为每一个参与者发送中国文物保护基金会宣传册。这是中国文物保护基金会"保护长城加我一个"项目首次与高校学生合作进行线下宣传。青少年作为长城保护宣传推广的主要对象，亲身参与到项目宣传推广中来，将高校学生的实践活动与公益相结合，是一次动员社会力量参与长城保护的有效方式。

摄影师拍 10 万余张照片呼吁保护长城。山西摄影师杨建民 2007 年开始拍摄长城，已经走遍大同、忻州、朔州沿线 20 多个县市，共拍摄 10 万余张山西长城主题照片，希望通过影像的方式，让更多人了解长城，保护长城，热爱长城。2018 年，他被授予"山西最美长城卫士""长城摄影师"称号。在 2019 年 9 月第 19 届平遥国际摄影大展中，他的 27 幅作品参展，包括《平型关长城》《广武长城月亮门》《老牛湾长城》等，展示了不同季节不同时间下的长城之美。他希望全面介绍山西长城，给后人留下更多珍贵照片，并把长城精神传承下去，激励一代又一代青年人。①

秦旅山海号观光旅游列车迎来长城公益讲解员。从 2019 年 7 月 13 日到 2019 年 8 月 22 日，每天都会有"长城公益讲解员"在"秦旅山海"号旅游列车上，为游客讲解秦皇岛的长城文化。本次活动是秦皇岛市政府推广"趣秦皇岛"城市符号，打造有"趣"秦皇岛的一部分。将秦皇岛铁路文化、港口文化、长城文化巧妙地融合在一起，通过秦旅山海号旅游列车的展示平台，既丰富了秦皇岛旅游新业态，也为秦旅山海号旅游列车赋予新能量，从而推动秦皇岛旅游从传统观光游向休闲文化游的转变，促进秦皇岛全域旅游融合发展、创新发展和跨越发展，创新研学旅游的模式。此次研学活动的开展不仅让大家更加了解秦皇岛悠久的长城文化，感受到秦皇岛独特的人文风貌，更拓宽了孩子们的眼界，

---

① 用相机记录长城摄影师拍 10 万余张照片呼吁保护长城，中国新闻网，2019 - 09 - 23，http://www.chinanews.com/cul/2019/09-23/8963261.shtml。

锻炼了语言表达能力和沟通能力，树立孩子们的民族自尊心和自豪感。

四、文体融合，共同铸造新时代的长城精神

长城国际马拉松在秦皇岛市举行。2019 年 10 月 20 日，秦皇岛"天下第一关·长城国际马拉松"在秦皇岛市山海关区举行，来自全国各地以及日本、韩国等国家和地区的一万余位运动健儿、马拉松爱好者共同体验了这场运动盛宴。本届赛事设有全程、半程和 5 千米健康跑三个单元，均以举世闻名的天下第一关为起点，途径山海关古城、老龙头长城等历史名胜，参加者在六百多年历史的古城通衢和巍峨长城上，尽情享受长跑运动的乐趣。本次马拉松以"弘扬中国精神、传播长城文化"为主题，以"天下第一跑，唯有山海关"为口号，前 5 公里赛道安排在巍峨的古城墙上，并精心设置了"跑通长城十三关"通关文牒、"龙首"奖牌、保护长城签名墙等凸显长城文化内涵的特色活动和亮点环节，全力打造依托天下第一关长城、富有人文特色的高质量马拉松运动品牌。①

环太原国际公路自行车赛长城段赛事在大同举行。2019 年 5 月 27 日，环太原国际公路自行车赛长城赛段赛事在大同市左云县举行，共有来自 12 个国家的 20 支运动队 120 余人参赛，其中有来自美国、意大利、加拿大、澳大利亚、乌克兰、马来西亚等国及包括港澳台地区在内的我国众多自行车运动高手。该赛事是目前国内以区域特色命名的国际品牌自行车赛事之一。该赛段选址于边塞文化遗存格外丰富的左云县为主赛区，起点设在左云县东山森林公园，赛段沿途大同古长城古朴雄浑，苍茫壮美，让选手与观众充分领略大同古长城的雄姿，终点设在世界文化遗产云冈石窟，全程126.4 千米。精彩纷呈的赛事与大同厚重的历史文化、壮美的自然风光交映生辉，吸引沿途众多群众加油助威。②

首届明长城徒步挑战赛在宁夏盐池举行。2019 年 9 月 18 日，首届明长城徒步挑战赛在宁夏盐池县长城关启动，来自湖北、四川、山东等 8 个省区市的 200 余名徒步爱好者参赛。本届挑战赛共 5 天 4夜，分为团队晋级赛、个人排名赛和团队排名赛。沿明长城设置的 108 千米赛道包含戈壁、草滩、沙漠、丛林等多种复杂地形，让参赛选手感受大漠长城的壮美，以及 70 年来盐池县的变迁。③

中国迁安第四届国际长城万人徒步大会举行。2019 年 10 月 13 日，"与祖国同行·唐山周末 2019中国迁安第四届国际长城万人徒步大会"在迁安北部长城山野绿道举行。来自北京、天津、内蒙古等省市以及肯尼亚、埃塞俄比亚、日本、韩国等国家和地区的一万两千名中外徒步选手参加大会。奥运

① 武佩剑：秦皇岛天下第一关·长城国际马拉松开跑，长城网，2019 - 10 - 21，http：//qhd. hebei. com. cn/sys-tem/2019/10/21/100077538. shtml。

② 郭斌：环太原国际公路自行车赛长城段赛事在大同举行，山西晚报，2019 - 05 - 28，http：//www. tynews. com. cn/system/2019/05/28/030127444. shtml。

③ 首届明长城徒步挑战赛宁夏盐池举行，华夏经纬网，2019 - 09 - 19，http：//www. huaxia. com/ly/lyzx/2019/09/6224894. html。

冠军杨凌、宋妮娜、刘惠瑕、张湘祥，中国女篮第一人郑海霞，世界冠军毕文静、刘宏宇、史冬鹏、柴云龙，男篮巨人孙明明等体育明星也来到现场，为徒步大会助力加油。此次徒步大会的赛道长城山野绿道是迁安市在 2013 年投资修建，蜿蜒 45 千米，选手们沿线体验美丽乡村、古老长城、人文历史，充分感受到迁安的生态之美。迁安还将以此次徒步大会为契机，组织世界冠军公益进校园、京城知名作家文化进校园、网时文化大讲堂等系列体育文化公益推广活动，助推旅游文化事业发展。①

案例 5 - 1　从创业明星到守护八达岭长城的志愿者②

八达岭长城是世界文化遗产，以雄伟壮丽著称于世。为落实新版北京城市总体规划，提升景区环境品质，今年 1 月，在景区内存在了三十多年的滚天沟综合市场启动了协议搬迁工作。在签约时，一位名叫高玲俐的商户落泪了。

高玲俐是八达岭镇岔道村妇联主席，是当地的"创业明星"。这些年来，她跑过单帮、摆过地摊，直到 2005 年才在滚天沟综合市场稳定下来，靠着卖工艺品供养儿子上学，还要照顾前夫的奶奶和妈妈。"这个商铺就是我们全家的经济支柱，我怎么会舍得呢？"

在长城脚下，像高玲俐这样的商户不在少数。他们以长城为生，在长城脚下打拼生活，日复一日，年复一年，依靠辛勤的劳动，口袋越来越鼓，日子越来越富裕。

但是，为了保护好长城，景区内的经营者们义无反顾地放弃了商业利益，主动配合政府拆除了商铺。作为村里的两委干部，高玲俐不仅自己带头搬迁，率先腾退房屋，还负责给市场内的妇女商户做工作，成了搬迁工作"宣传员"。她说："我不仅是一名党员，还是一名村干部，我这个头怎么带，村民就会怎么走。这么关键的时刻，我要是皱皱眉，老百姓就会扭头便走，再想给他们做工作可就难了。"

在高玲俐等党员的带头作用下，市场搬迁工作进展得相当顺利。3 天内，112 家商户便全部签约。作为一个土生土长的八达岭人，搬离景区让高玲俐充满了不舍。"长城在我心里就像母亲一样，它告诉我们人生的路很长，只要我们坚强面对，就没有过不去的坎儿。如今，长城一天天地老了，禁不起我们随意折腾了，尽管我有太多的不舍，也一定会为了长城更好的明天而放手。"

市场搬迁之后，高玲俐并没有闲下来。谈到今后的打算，高玲俐笑着说，她还有很多事想去做。她说，她要做一名守护长城的志愿者，讲好长城故事、传承长城精神。

---

① 　与祖国同行！2019 中国迁安第四届国际长城万人徒步大会举行，2019 - 10 - 13，https：//baijiahao.baidu.com/s？id＝1647281348988064531&wfr＝spider&for＝pc。

② 　北京榜样高玲俐：从创业明星，到守护八达岭长城的志愿者，北京晚报，2019 - 07 - 01。

案例 5 −2　秦旅山海号迎来了长城公益讲解员[1]

随着秦旅山海号观光旅游列车的汽笛声响起，秦皇岛寻"趣"之旅开始启程。你会发现，在这列独特的旅游列车上迎来了可爱的"长城公益讲解员"们。

从 2019 年 7 月 13 日到 2019 年 8 月 22 日，每天都会有"长城公益讲解员"们在"秦旅山海"号旅游列车上，为游客讲解秦皇岛的长城文化（图 5 −9）。本次活动是秦皇岛市政府推广"趣秦皇岛"城市符号，打造有"趣"秦皇岛的一部分。将秦皇岛铁路文化、港口文化、长城文化巧妙地融合在一起，通过秦旅山海号旅游列车的展示平台，既丰富了秦皇岛旅游新业态，也为秦旅山海号旅游列车赋予新能量，从而推动秦皇岛旅游从传统观光游向休闲文化游的转变，促进秦皇岛全域旅游融合发展、创新发展和跨越发展，创新研学旅游的模式。

整齐划一的服装、热情温暖的微笑、丰富多样的形式……孩子们精心准备每一次的讲解，作为秦皇岛城市文化传播的小使者，孩子们希望能让更多的人了解自己的家乡，爱上这座独具魅力的城市。孩子们和身边的游客一起互动，车厢里热闹非凡，一路欢声笑语。讲解员们的精彩表现也得到了大家的一致好评。列车停靠后，小讲解员们主动留下来，帮助列车员清理卫生，虽然工作很繁杂，但是孩子们依然热情高涨。

图 5 −9　秦旅山海号观光旅游列车

---

[1]　根据《秦旅山海号迎来了长城公益讲解员》，游燕网，2019 − 07 − 22，https：//m. sohu. com/a/328430091_704619 和《"趣山海火车·学长城文化"首届秦旅山海长城文化体验行活动正式开启，我们一起出发!》，2019 − 07 −15，https：//www. sohu. com/a/327061691_391549 整理。

"寓教于游"，是一件有"趣"的事情。此次活动的开展不仅提升学生爱家乡、爱长城的情感意识，深刻感受民族精神的伟大力量，树立孩子们的民族自尊心和自豪感，而且增进了外地游客对秦皇岛本地长城文化的了解，提升秦皇岛文化知名度，更好地宣传城市品牌（图 5 - 10）。

图 5 - 10 长城公益讲解员

第四节 国际交流合作内容丰富成果突出

2019 年，中国长城保护借助世界遗产大会平台继续扩大影响力。在中国国家文物局的支持和推动下，在《关于哈德良长城与中国长城的全面合作协议》框架下，在中国长城保护联盟成立的背景下，2019 年，中英"双墙"合作在深度和广度都有了重要的推进和扩展。

一、世界遗产大会长城活动

2019 年，恰逢第 43 届世界遗产大会召开。借助世界遗产大会平台，长城向世界展示中国文化遗产保护的智慧并通过召开中英双墙边会，继续加强国际合作。

世界遗产大会长城掠影。此次世界遗产大会上，审议通过了中国长城保护状况报告。对于中国应用新技术开展的长城保护工作表示关注，并鼓励中国将这些活动过程的信息和产生的成果作为最佳实践案例在世界遗产委员会官方网站上进行分享；肯定了我国为更新和修订遗产法律和管理框架所做的努力，并要求继续展开相关工作，尽快实施《长城保护总体规划》。同时对作为旅游目的地的长城世界遗产地再次提出了旅游监测的要求。世界遗产委员会重申持续关注并敦促中国于 2020 年 12 月 1 日前，向世界遗产委员会提交关于遗产保护状况以及明长城八达岭段修建车站对已经较高的游客数量可能带来的影响或需要采取哪些解决措施，确保将解决不断增加的旅游压力作为制定遗产可持续旅游管理策略的一部分。采取一切必要措施减轻大规模旅游给遗产造成的影响和减少旅游设施给遗产突出普遍价值造成的累积影响，尤其是从长城俯瞰其他地方和从其他地方观赏长城的视线，供世界遗产委员会在 2021 年第 45 届大会上进行审议。

中英合作会谈。7 月 3 日，中国文化遗产研究院院长柴晓明会见了英国文化、媒体与体育部文化外交主任 Keith Nichol 和英格兰遗产委员会代表 Henry Owen-John，双方就将于 2019 年 11 月在中国举办的"第二届双墙对话研讨会"以及下一步开展更广泛合作等展开讨论，取得多项共识（图 5-11）。中英双方首先讨论了关于"第二届双墙对话研讨会"的主要安排，包括时间、发言主题、现场考察的长城点段、进行现场转播等事宜。双方将在会后确定上述内容，并将有关情况分别报告国家文物局，英国文化、媒体与体育部。会见中，中英双方就在《中国文化遗产研究院与英格兰遗产委员会关于哈德良长城与中国长城的全面合作协议》（简称《全面合作协议》）框架下，展开工业遗产等其他文化遗产领域保护研究的合作意向交换了意见。双方认为，中国文化遗产研究院已在工业遗产方面开展过多项保护项目，具有一定的研究基础，铁桥国际文化遗产所等研究机构在英国工业遗产研究方面做了大量的工作并与中国多所高校开展过合作。下一步，中英双方可在《全面合作协议》框架下继续拓展工业遗产及其他文化遗产保护领域的合作。

中英双墙边会。2019 年 7 月 5 日，在阿塞拜疆首都巴库举行的第 43 届世界遗产委员会会议期间，中国与英国文化遗产代表团联合举办了关于中国长城和英国哈德良长城保护管理合作的"双墙对话"边会。国家文物局局长刘玉珠，联合国教科文组织世界遗产中心亚太部主任景峰，英国文化、媒体与体育部文化外交主任基斯·尼克尔（Keith Nichol）出席并致辞。国家文物局局长刘玉珠在致辞中介绍了中国在长城保护管理中开展的工作，分享了在立法、资源调查、规划、保护修缮、社会参与等各方面取得的经验做法。中国文化遗产研究院、英格兰遗产委员会、腾讯公益慈善基金会代表先后以中国长城的保护管理、中英"双墙合作"、长城保护的社会参与为主题做了报告。边会现场，腾讯还向与会者提供了中英双语版长城应用虚拟现实演示与视频游戏 APP 现场体验（图 5-12），以烧砖为切入点让游戏者了解长城修缮制砖过程，向世界各国展示了传承和保护传统文化在方式上创新的可能性。

二、金山岭长城联盟年会与双墙会议

这次（双墙交流）活动在推进双边文化对话方面非常成功：双方得以分享知识，探讨创新实践，并建立合作伙伴关系。对于英方代表而言，在当地专家的带领下深入体验长城是至高无上的殊荣，令人长久铭记。金山岭和箭扣长城不同阶段所采取的各种保护措施给我们留下了深刻的印象。我们也十分感慨您的同事们和合作伙伴们在保护和弘扬贵国壮丽遗产中所表现出的奉献和热情。

——英格兰遗产委员会首席执行官邓肯·威尔逊（官佐勋章）

2019 年 12 月 23 日致中国文化遗产研究院柴晓明院长感谢函

图 5 – 11　国家文物局、中国文化遗产研究院领导与联合国教科文组织、英方代表合影
（图片来源：中国文化遗产研究院）

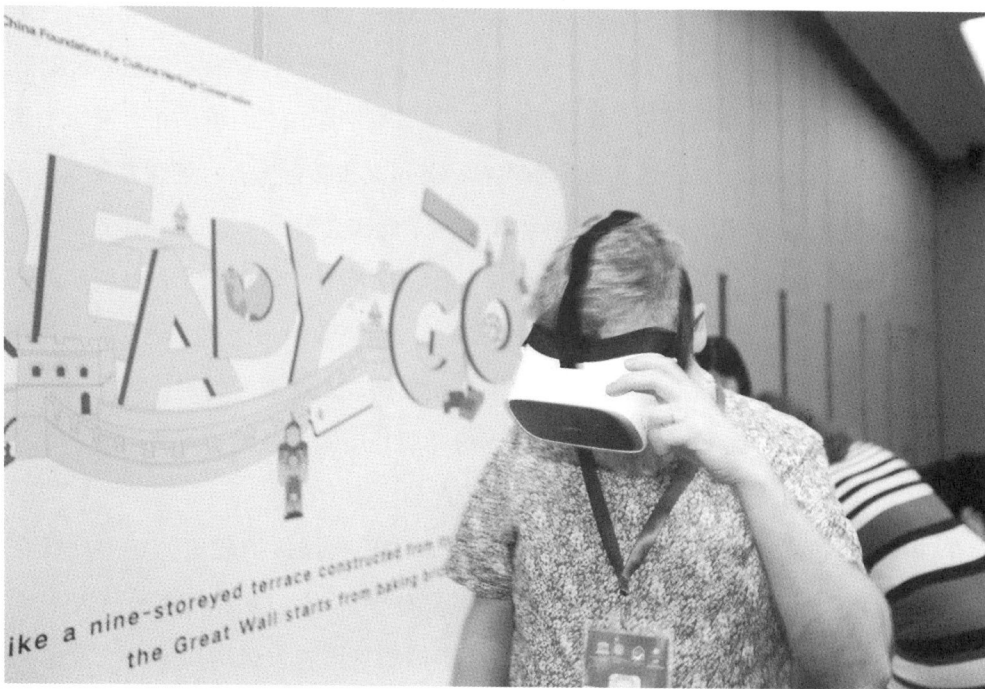

图 5 – 12　视频游戏 APP 现场体验
（图片来源：腾讯公益基金会）

　　2018 年 3 月，中国文化遗产研究院与英格兰遗产委员会、哈德良长城世界遗产合作委员会在英国纽卡斯尔共同主办了第一届"双墙对话——中国长城与英国哈德良长城保护管理研讨会"。期间，中英双方达成初步意向，于 2019 年在中国举办第二次"双墙对话"研讨会，并在文化遗产开放利用、遗产监测、人员培训等方面开展深入合作。

　　在此背景下，2019 年 11 月 4 日—13 日，来自英国的长城保护研究机构相关人员组成交流团来华开展学术交流活动。交流活动分为召开研讨会、交流座谈、实地考察三个环节。11 月 9 日至 13 日中国文化遗产研究院组织英方考古和测绘专家赴中国嘉峪关开展长城考古景观专题调研。

　　第二届"双墙对话"研讨会。2019 年 11 月 4 日—7 日，中国文化遗产研究院、英格兰遗产委员会、长城保护联盟在金山岭主办"第二届双墙对话研讨会暨长城保护联盟第二届年会"。此次大会由国家文物局指导，河北省承德市滦平县人民政府、金山岭长城管理处承办，并得到河北省文物局、中国文物保护基金会、北京市怀柔区文化和旅游局、北京市密云区文化和旅游局、联合国教科文组织亚太地区世界遗产培训与研究中心、英国文化教育协会、英国大使馆文化教育处、哈良长城世界遗产合作委员会、纽卡斯尔大学等海内外多家政府机构、研究机构、对外友好机构的支持。国家文物局副局长胡冰，中国文化遗产研究院院长柴晓明，英国大使馆莫睿（Rehana Mughal）文化参赞、英格兰遗产委员会大区负责人查尔斯·克里斯托弗·杰拉德·史密斯（Charles Christopher Gerald Smith），联合国亚太培训中心项目主管玛丽诺艾拉·图尔努（Marie‑Noel Tournou）出席会议并致辞。英格兰遗产委员会首席执行官邓肯·威尔逊发来视频致辞。来自长城沿线 13 个省（自治区、直辖市）文物部门、长城保护联盟成员单位共计 47 家单位、85 名中方参会代表，以及来自英格兰历史建筑暨遗迹委员会（英格兰遗产委员会）、纽卡斯尔大学、文多兰达信托、泰恩威尔郡档案与博物馆、考文垂遗产信托等哈德良长城的保护管理研究机构共 15 名英方参会代表，英国文化教育协会、英国大使馆、联合国教科文组织亚太地区世界遗产培训与研究中心等国际组织参加了此次会议。

　　会议分为大会研讨和现场考察两部分。大会研讨阶段，中英双方分别做了长城资源调查与明长城的基本构成、哈德良长城及其他罗马边界研究的主旨发言，围绕管理、保护、研究、考古调查、开放利用、社会参与 6 个专题，分别介绍中国长城和英国长城最新成果并展开讨论。现场考察阶段，中英两国长城保护专业人员实地考察金山岭长城，针对不同时期开展的长城保护维修工程，以及面临保护难题或计划开展保护维修的具有代表性长城点段进行了现场讨论。

　　中国文化遗产研究院作为双墙对话的中方牵头单位和中国长城保护联盟的秘书处所在机构，与英方牵头机构英格兰遗产委员会密切协商沟通，积极发挥国际交流与国内交流两大平台作用。在 2019 年金山岭研讨会期间，会议主办双方设专场组织中国和英国各个机构代表，交流未来双墙合作需求，初步汇总形成研究、培训交流、展览出版、教育研学、学术会议等 7 个方面近 30 个合作意向。

第二届"双墙对话"为中英两国长城保护管理、研究搭建了更为广阔的平台，是继第一次双墙对话和长城保护联盟成立大会之后更广泛的国内外长城大聚会。以此为平台，中国和英国代表在会议期间进行了广泛交流和深入探讨，为以后实质性合作打下了良好基础，推动了长城保护跨国界跨学科跨地区研究，凝聚了社会参与力量，扩大和活跃双墙对话和长城保护联盟的朋友圈，搭建起长城保护领域具有重要影响力的开放性论坛和公众参与平台（图5-13）。

图5-13　第二届"双墙对话"全体与会代表合影
（图片来源：金山岭长城管理处）

11月8日，英格兰遗产委员会东北大区负责人查尔斯·史密斯和哈德良长城督察官麦克·柯林斯代表英格兰遗产委员会赴中国文化遗产研究院座谈。双方介绍了各自机构情况，并交流双墙对话、世界遗产、工业遗产等更广泛领域的合作意向。

嘉峪关中英联合专题调研。金山岭"双墙"研讨会结束后，2019年11月9日至13日，中国文化遗产研究院组织英方考古和测绘专家赴中国嘉峪关开展长城考古景观专题调研，实地考察了嘉峪关、酒泉的部分汉、明长城的墙体、壕堑、城堡、烽燧群等不同类型的长城遗存及周边环境，并与嘉峪关丝路（长城）研究院开展了合作意向座谈会，以策划探讨中英"双墙"合作研究的主题、技术路线和组织形式（图5-14、图5-15）。

共同编辑出版双语文集"双墙"对话形成了丰富的研究成果。2019年11月，由中国文化遗产研究院和英格兰遗产委员会共同编著的《双墙对话：哈德良长城与中国长城保护管理研讨会文集》由文物出版社出版（详见第一章）。

图 5–14　第二届"双墙对话"中英与会代表考察金山岭长城
（图片来源：金山岭长城管理处）

图 5–15　中英考古和测绘专家考察酒泉地区汉长城
（图片来源：嘉峪关丝路（长城）研究院）

第六章 综述与总结

长城，是中国文化中最耀眼的品牌。在新时代我们要强调长城属于中华民族，属于中国；长城也属于世界，属于全人类；长城属于历史，长城属于未来。①

回顾 2019 年，长城保护的顶层设计和全面谋划开启，在之前阶段长城保护工作成果基础上，长城保护前进的步伐继续夯实，各项工作稳步推进。

长城保护发展的 2 部重磅文件发布：《长城保护总体规划》正式发布；《长城、大运河、长征国家文化公园建设方案》经中央全面深化改革委员会审批通过。为长城保护注入动力，为努力做好长城文化价值发掘和保护传承工作，为贡献中华民族伟大复兴的中国梦凝聚起磅礴力量。

面对新形势和新动力，长城保护管理中存在令人担忧的问题仍未得到有效解决。长城考古工作仍十分零散和不规范，缺乏有效组织和推动；长城保护管理的基层队伍普遍十分薄弱，在新一轮文旅合并的机构改革中进一步受到冲击；长城保护维修囿于理念和原则争论而趋于过度谨慎，多地险情得不到及时治理；行政审批权下放带来长城全线保护维修项目的原则把握尺度不一致，实施进展缺乏整体掌控，日常养护仍未受到重视；在文旅深度融合和长城国家文化公园建设中，文物部门的参与度和话语权有待加强；社会参与和国际合作的广度、深度和制度化工作仍需由点及面继续推开。

结合这一年来长城保护管理中存在的不足，建议加强以下方面的工作。

继续弥补长城考古研究短板，支持长城考古主动性发掘项目，强化修缮工程需要得到考古工作和研究支撑的理念。已有长城资源调查数据深入分析，组织开展长城资源调查数据整理和报告编写，加强对长城的基础研究，为全面认知长城遗产价值、保护维修理念、利用展示传播提供科学支撑。

不断完善长城各层级的法规建设，加强日常监测与看护行动，提高对基层文物工作者和长城保护员的培训力度和广度，大力打击违法犯罪行为。面对近年的机构改革的影响变化，需要做好妥善的应

---

① 许嘉璐：《世界需要长城精神——在第七届中国长城学会会员代表大会上的讲话》，2019 - 07 - 09。

对之策，重视长城保护管理机构建设和队伍能力建设，推进落实保持基层文博机构队伍稳定的政策举措，为长城保护管理和传承利用提供有力保障。

结合长城文化公园建设新形势，加强长城开放利用、宣传教育和文旅融合的顶层设计和交流合作，提高长城在国内国际认知度，让更多人了解长城，助力长城保护。借鉴国家公园体制改革经验，将长城文化公园规划与长城保护与生态文明建设、国土空间规划、区域协调发展、乡村振兴、脱贫攻坚等战略统筹协调，推动长城文化带的综合发展模式，建设美丽长城家园。

当前，社会力量在长城保护中扮演着越来越重要的角色，企业、社会组织、志愿者、新闻媒体等都本着对历史负责、对人民负责的态度，全方位、多角度传播长城文化，弘扬长城精神，让长城保护的理念不断深入人心，推动长城在保护中发展，在发展中保护，全社会参与长城保护的热情不断高涨，长城保护的社会基石更加坚实。

作为中华民族的精神象征，长城已深深融入了中华民族的血脉，成为实现中华民族伟大复兴中国梦的强大精神力量，对于中华民族的过去、现在和未来均具有重要意义和深远影响。在历史上，长城是联结关内关外、农耕文明与游牧文明的纽带，在新时代，应该努力让长城融入当代人的生活，让人们发自内心得敬重长城、爱护长城，把古老的长城留给子孙，让雄伟的长城走向未来。进一步发挥长城在传承和弘扬中华优秀传统文化中的独特作用，各级党委政府、文物管理部门、企事业单位、专业技术人员、社会组织、志愿者、新闻媒体应携起手来，搭建更广阔的平台、开展更深入的研究、组织更为系统、更有成效的活动，切实营造全社会共同参与、共同保护长城的良好氛围，努力做好长城保护传承工作，弘扬民族精神、贡献中国智慧。

附件1 长城资源调查报告出版成果列表 （截至2019年）

省份	报告名称	编著单位	出版社	出版年度
天津市	《天津市明长城资源调查报告》	天津市文物局、天津市文化遗产保护中心、天津市明长城资源调查队	文物出版社	2012年
河北省	《河北省明长城资源调查报告——涞源县卷》	河北省文物局、河北省古代建筑保护研究所、河北省明长城资源调查队	文物出版社	2010年
	《明蓟镇长城石刻》	河北省文物研究所	文物出版社	2017年
山西省	《山西省明长城资源调查报告》	山西省文物局	文物出版社	2019年
内蒙古自治区	《内蒙古自治区长城资源调查报告——明长城卷》	内蒙古自治区文化厅（文物局）、内蒙古自治区文物考古研究所	文物出版社	2013年
	《内蒙古自治区长城资源调查报告——东南部战国秦汉长城卷》	内蒙古自治区文化厅（文物局）、内蒙古自治区文物考古研究所	文物出版社	2014年
	《内蒙古自治区长城资源调查报告——北魏长城卷》	内蒙古自治区文化厅（文物局）、内蒙古自治区文物考古研究所	文物出版社	2014年
	《内蒙古自治区长城资源调查报告——阿拉善卷》	内蒙古自治区文化厅（文物局）内蒙古自治区文物考古研究所	文物出版社	2016年
	《内蒙古自治区长城资源调查报告（战国赵北长城卷)》	内蒙古自治区文物考古研究所	文物出版社	2018年
辽宁省	《辽宁省长城资源调查报告》	辽宁省文物局	文物出版社	2011年
	《辽宁省燕秦汉长城资源调查报告》	辽宁省文物局	文物出版社	2017年
吉林省	《吉林省长城资源调查报告》	吉林省文物局	文物出版社	2015年
山东省	《齐长城资源调查工作报告》	山东省文物局、山东省文物考古研究所、齐长城资源调查工作队、山东省博物馆	文物出版社	2017年

省份	报告名称	编著单位	出版社	出版年度
陕西省	《陕西省明长城资源调查报告·营堡卷》	陕西省考古研究所	文物出版社	2011 年
	《陕西省明长城资源调查报告》	陕西省考古研究院	文物出版社	2015 年
	《陕西省早期长城资源调查报告》	陕西省考古研究院、西北大学文化遗产学院	文物出版社	2015 年
青海省	《青海省明长城资源调查报告》	青海省文物管理局、青海省文物考古研究所	文物出版社	2012 年
宁夏回族自治区	《宁夏明代长城·河东长城调查报告》	宁夏文物考古研究所	文物出版社	2017 年
	《宁夏明代长城：固原内边长城调查报告》	宁夏文物考古研究所	文物出版社	2019 年
	《宁夏早期长城调查报告》	宁夏文物考古研究所	文物出版社	2019 年
新疆维尔自治区	《新疆维吾尔自治区长城资源调查报告》	新疆维吾尔自治区文物局	文物出版社	2014 年

附件2 全国长城保护法律法规列表^①（截至 2019 年）

序号	地区	名称	级别	颁布机构	颁布时间	类型
1	全国	长城保护条例	国家级	国务院	2006 年	行政法规
2	全国	长城"四有"工作指导意见	国家级	国家文物局	2014 年	规范性文件
3	全国	长城保护维修工作指导意见	国家级	国家文物局	2014 年	规范性文件
4	全国	长城执法巡查办法	国家级	国家文物局	2016 年	规范性文件
5	全国	长城保护员管理办法	国家级	国家文物局	2016 年	规范性文件
6	北京	平谷区长城保护管理规定	县级	平谷区人民政府	2004 年	规范性文件
7	北京	文物景区巡查制度	县级	延庆县八达岭特区办事处	2015 年	规范性文件
8	北京	北京市长城保护管理办法	省级	北京市人民政府	2003 年颁布，2018 年修订	地方政府规章
9	河北	金山岭长城管理处规章制度	县级	滦平金山岭长城管理处	2014 年	规范性文件
10	河北	河北省长城保护办法	省级	河北省人民政府	2016 年	地方政府规章
11	河北	秦皇岛市长城保护条例	市级	秦皇岛市人民政府	2018 年〔2004 年颁布的《秦皇岛市长城保护管理办法（暂行）》废止〕	地方政府规章
12	内蒙古	伊金霍洛旗秦国长城遗址保护管理暂行办法	县级	伊金霍洛旗人民政府	2007 年	规范性文件
13	内蒙古	呼和浩特市长城保护管理办法	市级	呼和浩特市文化局	2011 年	规范性文件

---

① 本表是在《中国长城保护发展报告 2017—2018 年》基础上，结合 2019 年新颁布的法律法规进行调整而成。

续表

序号	地区	名称	级别	颁布机构	颁布时间	类型
14	内蒙古	呼和浩特市长城保护站管理制度	市级	呼和浩特市文物事业管理处	2012 年	规范性文件
15	内蒙古	长城管护员工作职责	市级	呼和浩特市文物事业管理处	2012 年	规范性文件
16	内蒙古	包头市长城保护条例	市级	包头市人民代表大会	2017 年	地方性法规
17	内蒙古	巴彦淖尔长城保护管理办法	市级	巴彦淖尔市人民政府	2017 年	地方政府规章
18	辽宁	葫芦岛市九门口长城保护管理规定	市级	葫芦岛市人民政府	2002 年	地方政府规章
19	黑龙江	牡丹江边墙保护管理办法	市级	牡丹江市人民政府	2012 年	地方政府规章
20	山东	齐长城安全保护责任书	县级	沂水县文化广电新闻出版局	2009 年	规范性文件
21	陕西	魏长城巡查管理制度	市级	魏长城文物保护管理所	2001 年	规范性文件
22	甘肃	武威市凉州区长城保护管理办法	县级	凉州区人民政府	2009 年	规范性文件
23	甘肃	山丹县长城保护管理办法	县级	山丹县人民政府	2009 年	规范性文件
24	甘肃	玉门关遗址保护管理办法	市级	酒泉市人民政府	2013 年	地方政府规章
25	甘肃	定西市战国秦长城协议管理办法（试行）	市级	定西市文物局	2018 年	规范性文件
26	甘肃	定西市长城保护员聘用管理办法（试行）	市级	定西市文物局	2018 年	规范性文件
27	甘肃	甘肃省长城保护条例	省级	甘肃省人民代表大会	2019 年	地方性法规
28	北京	北京市延庆区长城保护员管理办法（试行）	市级	北京市延庆区文化和旅游局	2019 年	规范性文件

附件 3　第 43 届世界遗产大会双墙边会活动日程

第 43 届世界遗产大会由联合国教科文组织世界遗产委员会主办，于 2019 年 6 月 30 日—7 月 10 日在阿塞拜疆巴库召开。本次世界遗产大会审议通过了中国国家文物局提交的中国长城保护报告。大会期间，在中国文化遗产研究院和英格兰遗产委员会进行了会谈，并共同合作组织了中英双墙边会。

一、中英文化遗产合作会谈

1. 时间：7月3日

2. 参会人员：中国文化遗产研究院院长柴晓明

英国文化、媒体与体育部文化外交主任　Keith Nichol

英格兰遗产委员会世界遗产部部长　Henry Owen－John

中国文化遗产研究院燕海鸣

中国文化遗产研究院刘文艳

3. 主要议题："第二届双墙对话研讨会"的主要安排

工业遗产等其他文化遗产领域保护研究的合作意向

二、中英双墙边会

1. 时间：7月5日

2. 致辞：刘玉珠国家文物局局长

景峰联合国教科文组织世界遗产中心亚太部主任

Keith Nichol 媒体与体育部文化外交主任

3. 发言：《中国长城保护管理》中国文化遗产研究院刘文艳

《中英双墙认知与保护》英格兰遗产委员会 Henry Oven John

《科技助力长城保护》腾讯公益基金会马尧

4. 场外展区：腾讯APP——长城应用虚拟现实演示与视频游戏展示

附件4　第二届双墙对话研讨会暨长城保护联盟第二届年会日程

第二届双墙对话研讨会暨长城保护联盟第二届年会活动安排

The 2nd Great Wall of China and Hadrian's Wall Management

Seminar & 2nd Great Wall Alliance Annual Conference

Seminar Programme

11月3日　下午考察滦平县涝洼长城及砖窑遗址

11月4日　上午 开幕式

全天 研讨会

晚上 参观滦平县博物馆

11 月 5 日 全天 研讨会

晚上 观看滦平县非物质文化遗产表演

11 月 6 日 全天 金山岭长城不同时期保护维修点段现场考察研讨

晚上 交流及闭幕式

11 月 7 日 全天 密云古北口镇城和姊妹楼，怀柔箭扣长城一期维修现场考察研讨

11 月 8 日 上午 故宫及文物医院参观

下午 部分与会代表与中国文化遗产研究院座谈

11 月 9 日—13 日 部分英国代表参加嘉峪关长城联合考古景观调查

研讨会发言主要内容

一、开幕式致辞

胡冰国家文物局副局长

Hu Bing　　National Cultural Heritage Administration

邓肯·威尔逊（视频录像）英格兰遗产委员会首席执行官

Mr Duncan Wilson（Video）Historic England CEO

张立方河北省文物局长

Zhang Lifang Hebei Cultural Relics AdministrationDirector

马特·伯尼英国文化教育协会中国区主任

Matt BurneyBritish CouncilDirector China

于山滦平县人民政府　县长

YushanThe people's government of luanping County County Magistrate

玛丽·诺艾拉·图尔努联合国教科文组织亚太地区世界遗产培训与研究中心项目主管

Marie – Noel TournouxWHITRAP ShanghaiProject Director

柴晓明中国文化遗产研究院　院长

Chai Xiaoming　Chinese Academy of Cultural Heritage Director

二、《长城保护报告 2017—2018》发布与讲解

于冰中国文化遗产研究院　研究员

Yu Bing　CACH　Resheacher

三、研讨交流

主题 Theme	发言人 Speaker	单位/职务 Affiliation/Position
主题发言 Keynote speeches		
长城资源调查与明长城的基本构成 Resources survey of the Great Wall and the basic structure of the Great Wall in Ming Dynasty	柴晓明 Chai Xiaoming	中国文化遗产研究院 CACH
哈德良长城及其他罗马边界的研究 Research on Hadrian's Wall and other Roman Frontiers	大卫·布利兹 David Breeze	杜伦大学，爱丁堡大学，纽卡斯尔大学和斯特林大学 荣誉教授 Honorary Professor at the Universities of Durham, Edinburgh, Newcastle and Stirlin
专题一：保护管理 Theme1 Conservation and Management		
世界遗产地管理计划 Management Planning for World Heritage Sites	大卫·布劳夫 David Brough	纽卡斯尔大学 英格兰历史建筑暨遗迹委员会和纽卡斯尔大学的"双墙对话"项目协调员 Newcastle Wall to Wall Project Coordinator on behalf of Historic England and Newcastle University
长城保护理念与保护修缮方法解析 Analysis on conservation concept and technology of the Great Wall	汤羽扬 Tang Yuyang	北京建筑大学 教授 Beijing University of Architecture professor
文化遗产管理中的第三部门机构（公益组织） The Third Sector in Heritage Management	卡罗尔·派拉 Carol Pyrah	考文垂历史信托基金会执行理事 Historic Coventry Trust Executive Director

续表

养护整理，是保护长城价值的有效手段 Maintenance and clearance effective methods of Great Wall value preservation	刘智敏 Liu Zhimin	河北省文物局 总工程师 Hebei Cultural Relics Bureau Chief Engineer
哈德良长城保护工作——方法及管控 Works on Hadrian's Wall - approach to conservation works and their control	Michael Anthony Collins 迈克尔·安东尼·柯林斯	英格兰历史建筑暨遗迹委员会 哈德良长城古迹督察官 Historic England Inspector of Ancient Monuments：Hadrian's Wall
专题二：保护 Theme2 Conservation		
基于文物保护理念对土城墙保护方法的探索——以中卫姚滩段城墙加固为例 On the conservation method of earth GW based on the idea of cultural heritage protection	兰立志 Lan Lizhi	辽宁有色金属研究院高级工程师 Liaoning Nonferrous Metals Research Institute Senior Engineer
欧洲视角下的文化遗产保护、修缮、重建与相关议题探讨 Conservation, restoration and Reconstruction - the European Perspective and Current Debates	Michael Anthony Collins 迈克尔·安东尼·柯林斯	英格兰历史建筑暨遗迹委员会 哈德良长城古迹督察官 Historic England Inspector of Ancient Monuments：Hadrian's Wall
开放与共享：中国长城开放利用研究报告 Opening and sharing：A Research Report on the open utilization of the GW of China	张朝枝 Zhang Chaozhi	中山大学 教授 Sun Yat – sen University professoProfessor
服务于遗产阐释和研究的重建 Reconstruction for Interpretation and Research	比尔·格里菲斯 Bill Griffiths	泰恩·威尔地区档案及博物馆项目及藏品项目部和保管部主管 Tyne & Wear Archives and Museums Head of Programmes and Collections
专题三：考古价值研究 Theme3 Archaeological Research		
古罗马长城与明长城防御体系比较 Comparison of defense system between of the wall of ancient Rome and the GW of Ming Dynasty	李严 Li Yan	天津大学　副教授 Tianjin University Associate Professor
哈德良长城研究框架方法论与结果 Hadrian's Wall Research Framework：Methodology and Results	托尼·威尔莫特 Tony Wilmott	英格兰历史建筑暨遗迹委员会 研究部资深考古学家 Historic England Senior Archaeologist

续表

金山岭长城砖的研究与保护 Research and protection of Jinshanling GW bricks	郭中兴 Guo Zhongxing	金山岭长城管理处 主任 Jinshanling Great Wall Management office Director
哈德良长城修建记录 Hadrian's Wall Centurial Stones and Inscriptions（building records from Hadrian's Wall）	汉佛瑞·维尔法代讲 Presented by Humphrey-Welfare	哈德良长城世界遗产委员会名誉主席 Former Chairman of the Hadrian´s Wall World Heritage Site 纽卡斯尔大学 客座研究员 Newcastle University Partnership Board
长城保护维修中干预过程管理的数字化途径新探 An exploration on the Digital Approaches ofIntervention Process Management in Great Wall Conservation and Restoration	张剑葳副院长 Zhang Jianwei	北京大学考古文博学院 Peking University Vice President
专题四：考古调查 Theme4 Archaeological Survey		
天空地一体化的长城资源精准化监测体系构建 Construction of Precision Monitoring System for Great Wall integrated with Spaceborne, Airborne, and Ground Remote Sensing	张景 Zhanjing	国信司南（北京）地理信息技术有限公司文物事业部总经理 the general manager of cultural relics department of Geo – Compass（Beijing）Information Technology Co. Ltd.
哈德良长城的调查和测绘：方法和技术 Hadrian´s Wall Survey and Mapping：Methodology and Technologies	马修·奥基 Matt Oakey	英格兰历史建筑暨遗迹委员会航空调查测绘（北部地区）负责人 Historic EnglandExecutive Director Aerial Investigation and Mapping Manager（North）
甘肃嘉峪关明长城及壕堑考古勘探报告 Archaeological exploration report of the GW and trench of Ming Dyn in Jiayuguan	张斌 Zhang Bin	嘉峪关丝路（长城）研究院甘肃省嘉峪关丝路（长城）文化研究院丝绸之路文化研究所所长 Director of the institute of Silk Road Culture, Jiayuguan Silk Road（Great Wall）Cultural ResearchInstitute, Gansu Province
哈德良城墙的景观分析 Landscape Analysis of Hadrian´s Wall	罗伯特·柯林斯 Rob Collins	纽卡斯尔大学考古系讲师 Newcastle UniversityLecturer, Material Culture of the Northern Frontier（Archaeology）

专题五：开放利用 Theme5 Public Access		
修建哈德良长城国家步道 Establishing the Hadrian's Wall Path National Trail	汉佛瑞·维尔法 Humphrey Welfare	哈德良长城世界遗产委员会名誉主席 Former Chairman of the Hadrian´s Wall World Heritage Site 纽卡斯尔大学 客座研究员 Newcastle University Partnership Board
箭扣南段长城抢险工程保护实践 Conservation practice of the Great Wall rescue project in South Jiankou	赵鹏 Zhao Peng	北京兴中兴建筑设计事务所文物保护责任设计师 Beijing xingzhongxing architectural design office Designer of cultural relics protection
德国长城步道 The German Limes Roadway, Walking Trail and Cycleway	大卫·布劳夫代讲 Presented by David Brough	英格兰历史建筑暨遗迹委员会和纽卡斯尔大学的"双墙对话"项目协调员 Wall to Wall Project Coordinator on behalf of Historic England and Newcastle University
北京长城文化带建设与展望 The construction and Prospect of GW Cultural belt in Beijing	王玉伟 Wang Yuwei	北京市文物局研究员 Beijing Municipal Bureau of cultural relicsResearcher
促进旅游业发展：了解游客诉求 Promoting Tourism：Understanding what Visitors want	乔·萨维奇 Joe Savage	英格兰遗产信托 高级展览经理 EnglishHeritagesenior Interpretation Manager
专题六：社会参与 Theme 6：Public Engagement		
文多兰达信托志愿者项目 Vindolanda Volunteer Archaeology Programm	芭芭拉·伯利 Barbara Birley	文多兰达信托博物馆馆长 Vindolanda TrustCurator
守护长城——一位长城保护员的自述 Daily inspection by the great wall protector	梁庆立 Liang Qingli	河北唐山榆木岭长城保护员 Tangshan yumuling great wall protecto

续表

安东尼边墙的再发现——社区参与 Rediscovering the Antonine Wall – Antonine Wall Community Engagement and Participation Initiatives	大卫·J·布里兹代讲 Presented by David Breeze	杜伦大学，爱丁堡大学，纽卡斯尔大学和斯特林大学 荣誉教授 Honorary Professor at the Universities of Durham, Edinburgh, Newcastle and Stirlin
广义理解文物的 IP，从长城项目说起 Understanding the IP of cultural sites in a broad term, as the GW　Project	侯珂 Hou Ke	中国文物保护基金会中国国家博物馆副研究馆员 China Foundation For Culture Heritage ConservationNational Museum of China Associate Researcher

附件5　中国长城保护状况报告
Report on the State of Conservation of the Great Wall　（2019 –2020）
（代摘要 Summary）①

REPORT ON THE STATE OF CONSERVATION OF THE GREAT WALL（CHINA）
（2019 –2020）

The Chinese Government has always attached vital importance to the Great Wall. Pursuant to Decision 43 COM 7B. 58 adopted by the UNESCO World Heritage Committee, the Chinese Government used utmost efforts in 2019 –2020 to intensify top – level design for the conservation of the Great Wall, improve mechanisms for its conservation, presentation and use, enhance capacity for its conservation works and preventive conservation, facilitate international cooperation, encourage and guide social sectors to participate in its conservation, and move forward the conservation of the Great Wall toward a positive direction. As a result, effective progress has been made and the state of conservation of the Great Wall has continued to improve.

1. Ever – improved top – level design for conservation

The National Culture Park of the Great Wall launched. On 24 July 2019, CPC General Secretary and Chi-

---

① 　发布于 UNESCO World Heritage Center（联合国教科文世界遗产中心）网站（https：//whc. unesco. org/）

nese President Xi Jinping hosted a meeting that reviewed and adopted the Construction Plan of National Culture Parks of the Great Wall, the Grand Canal and the Long March. National Culture Parks have been incorporated as national major cultural projects in the 13th and 14th Five – Year Plans for National Economic and Social Development (2016 – 2025). The construction of National Culture Parks was officially kicked off in August 2019. Currently, the *Implementation Plan for the Construction of the National Culture Park of the Great Wall*, the *Construction and Conservation Plan for the National Culture Park of the Great Wall*, and provincial – level implementation schemes and plans are under preparation. The National Culture Park of the Great Wall will feature heritage properties and cultural resources related to the Great Wall from different historical periods, comprise of major components of the cultural landscape of the Great Wall and other natural landscapes and ecological environments directly associated with its heritage properties and cultural resources, and form specific public cultural spaces open to the public. The National Culture Park of the Great Wall will aim to establish itself as an important landmark of Chinese culture that offers functions in heritage conservation, continuation and use, culture and education, public service, tourism and sightseeing, recreation and leisure, and scientific research.

The conservation planning system gradually improved. The Ministry of Culture and Tourism and the National Cultural Heritage Administration co – issued the Master Plan for the Conservation of the Great Wall in order to authentically and integrally protect historical and cultural values of the Great Wall, promote and carry on the spirit of Chinese nation embodied by the Great Wall, and implement the *Regulations for the Conservation of the Great Wall* that specifies that "the state will exercise the overall planning system for the conservation of the Great Wall". The Master Plan is a framework document that guides work for the conservation of the Great Wall. It has set out work principles, objectives, contents and management requirements for the conservation, continuation and use of the Great Wall and formulated measures for conservation and management, preservation, presentation, publicity and education, and tourist visit, providing important guidelines for the development of a long – term working mechanism. Under the arrangement and guidance of the National Cultural Heritage Administration, all provinces (including autonomous regions and municipalities directly under the central government) along the Great Wall have prepared and completed provincial – level conservation plans. Among others, Beijing Municipality has prepared and publicized the Conservation and Development Plan of the Cultural Belt of the Great Wall, with the aim of promoting integrated and sustainable development of the conservation of heritage properties with the transmission of culture and traditions, public service, tourism and leisure, ecosystem restoration, and economic upgrading.

2. Ever – strengthened conservation and management capacity

The legal basis for conservation consolidated. All provinces (including autonomous regions and municipalities directly under the central government) have continued to build the the legal system for conservation and management at various levels, in light of characteristics of wall sections within their boundaries and their actual work conditions. So far, China has enacted 30 regulations and normative documents involving the Great Wall. Eight provinces (including autonomous regions and municipalities directly under the central government), including Beijing, Hebei, Inner Mongolia, Liaoning, Heilongjiang, Shandong, Shaanxi and Gansu, has enacted provincial - level regulations or normative documents governing the conservation of the Great Wall. Among others, in 2019 - 2020, the *Regulations of Gansu Province for the Conservation of the Great Wall*, the *Opinions Concerning Strengthening the Conservation and Management of Sections of the Ming Great Wall in Qinghai*, and the *Interim Rules of Dingbian County for the Conservation and Management of the Great Wall* have been enacted and publicized, and the *Draft Regulations of Hebei Province for the Conservation of the Great Wall* has been completed and submitted for examination and approval. The legal system for the conservation of the Great Wall has been further improved. On 7 October 2019, the State Council announced several additional sections of the Great Wall as new entries to the Eighth List of National Priority Protected Sites, which are located in Hebei, Shanxi and Shaanxi respectively. As a result, priorities for the conservation of the Great Wall have been further identified.

Building of conservationists strengthened. Local governments select conservationists out of stakeholders from local communities and people. These conservationists are volunteers that carry out daily inspection, maintenance and preservation, forming important forces for the conservation of the Great Wall. In recent years, the National Cultural Heritage Administration has continued to organize trainings for conservationists of the Great Wall, with focus on improving their conservation concepts and technical capacities by standardizing training contents, optimizing organizational procedures, innovating teaching methods and inviting participation of professional institutions. Among others, in 2019 - 2020, Beijing, Hebei and Shaanxi organized trainings for conservationists and grassroots workers from districts and countries. Cultural heritage departments have also collaborated with professional social organizations to offer well - designed courses and more professional trainings. The Great Wall Post organized systematic, professional and standard trainings for 577 conservationists and grassroots workers from six districts and countries of Beijing and Hebei.

Scientific research facilitated. The National Cultural Heritage Administration has used continued efforts to guide research work on the Great Wall by research institutions, universities, social organizations as well as experts and scholars in archaeology, cultural heritage, planning, history, architecture, landscape design, and environmental protection. Fruitful research achievements were yielded in 2019. Among others, based on comprehensive research and assessment of conservation and management practices for the Great Wall nationwide, the Chinese Academy of Cultural Heritage published the *Report on the Conservation of the Great Wall* 2017 - 2018 and completed the *Report on the Conservation of the Great Wall* 2019 that will be soon published. Moreover, based on the information on surveys of the Great Wall organized by the National Cultural Heritage Administration, provinces involved have published 23 archaeological works, 13 works on scientific education, and 10 works targeting children readers. Among others, the picture book *Illustrations of the Great Wall*, produced by China Foundation for Cultural Heritage Conservation in collaboration with Tencent Foundation, presents and interprets the Great Wall from various perspectives and in a lively and simple way. The book was honored the Good Books of China 2019.

The visitor management mechanism optimized. Improving capacity for the management of visitors' behaviors in response to the growing interest of Chinese and foreign visitors in the Great Wall and the pressure of growing visitations on its conservation and management is critical to securing the security of heritage properties of the Great Wall, its surrounding natural and cultural environments and its staff members and to improving service capacity and effects. In order to tackle such problems as crowded visitors, imbalanced distribution of visitors and unpleasant visiting experiences, the Badaling Section of the Great Wall announced the daily optimum carrying capacity of 65, 000 visitors from 1 June 2019 and officially introduced the real – name online ticket booking system and the early warning response system to enable real – time response to management, service and traffic guarantee, which have effectively improved visiting experiences. The Badaling Section is the first scenic area of the Great Wall that adopts visit restrictions through online ticketing, providing valuable experience for improving management capacity of other scenic areas of the Great Wall across China.

3. Significantly enhanced capacity for repair works

In 2019 – 2020, the National Cultural Heritage Administration used continued efforts for working mechanism innovations, multidisciplinary participation and application of new technologies for repair works of the conservation of the Great Wall, comprehensively improving the preventive conservation capacity.

Examination of repair works tightened. The National Cultural Heritage Administration has always adhered to the principles of protecting the Great Wall as an archaeological site, focusing on the conservation of the existing state, and avoiding direct interventions of conservation works. For that purpose, on the one hand, the National Cultural Heritage Administration organizes cultural heritage departments involved to conduct surveys and assessments of potential risks every year in order to timely identify security threats. On the other hand, it tightens examination of repair works and organizes experts and scholars to strictly examine plans of conservation works submitted so as to restrict the number of repair works. Meanwhile, efforts have been used to strengthen regulation of implementation and post – implementation processes and guide local departments to strengthen implementation, work site inspection and project acceptance, with the aim of ensuring effects of conservation works.

Research and training with regard to conservation and repair technologies strengthened. In recent years, under the guidance of the National Cultural Heritage Administration, Beijing and Hebei have implemented research – oriented conservation works for the Jiankou and Xifengkou sections, studying and practicing repair concepts and methods and accumulating rich practical experiences. On that basis, the National Cultural Heritage Administration has commissioned professional institutions to prepare the Guidelines for the *Conservation and Repair of Brick and Stone Sections of the Ming Great Wall* that aims to provide interpretation information for local governments and general public to understand ideas and practices for the conservation of the Great Wall. On 19 September 2020, under the guidance of the National Cultural Heritage Administration, Beijing Municipality created the Practice Base for the Conservation and Restoration of the Great Wall, the first of its kind across China. This training base aims to summarize, improve and disseminate conservation concepts and practices developed for the Jiankou Section and establish a platform to exchange repair experiences and present conservation achievements.

Application of modern technologies moved forward. In light of characteristics of the Great Wall that has a huge size and sophisticated structures, the National Cultural Heritage Administration has used great efforts to facilitate application of information technology to surveys and identification of resources of the Great Wall, preparation of conservation plans, and creation of monitoring and early warning systems. Comprehensive management information platforms for scientific research, management, and public service have been built by using unified codes to associate survey, geographic, identification, and conservation and management data. At the same time, 3D modeling, UAV mapping, AI technology, sonar underwater measuring, and digital photography have been used to identify hazards and draw maps, provide supportive pre – judgment for repair works, record actual conditions of different stages of repair works, and offer the basis for tracking back repair processes, evaluating repair impacts and strengthening regulation on project implementation.

1. Ever – deepened international cooperation

With the support and facilitation of the National Cultural Heritage Administration, the China – UK Wall – to – Wall Collaboration between the Hadrian's Wall and the Great Wall saw significant progress and expansion in 2019 – 2020. On 5 July 2019, the Chinese and British delegations co – hosted a side event on the Wall – to – Wall Dialogue focusing on conservation and management cooperation during the 43rd session of the World Heritage Committee held in Baku, Azerbaijan. NCHA Administrator Liu Yuzhu as well as representatives from China Foundation for Cultural Heritage Conservation, Historic England and Tencent Foundation attended the side event to share experiences and practices on legislations, resources surveys, archaeological research, planning preparation, preservation and repair, and social participation with regard to the conservation of the Great Wall and the Hadrian's Wall.

On 4 – 7 November 2019, the Chinese Academy of Cultural Heritage, Historic England, and the Alliance for the Conservation of the Great Wall hosted the Second Wall – to – Wall Dialogue and the Second Annual Session of the Alliance for the Conservation of the Great Wall at the Jinshanling Section of the Great Wall. Representatives from Chinese and British research institutions in the conservation and management of historic walls, the British Council, the British Embassy in Beijing and UNESCO WHITRAP attended the event. Participants conducted in – depth discussion on the conservation and repair of historic wall heritage, monitoring and management, archaeological research, accessibility and utilization, and public participation and visited the Jinshanling Section, providing recommendations on challenges against and repair plans for the conservation fo the Great Wall of China.

Following the Second Wall – to – Wall Dialogue, on 9 – 13 November 2019, The Chinese Academy of Cultural Heritage arranged a visit to the Jiayuguan Section for British

archaeologists and mapping experts to conduct thematic study of archaeological landscapes of the Great Wall. During the study tour, British experts visited Great Wall remains of the Han and Ming Great Wall in Jiayuguan and Jiuquan, including walls, trenches, fortresses and beacon towers, as well as their surrounding environments. British experts also discussed cooperation intention with the Jiayuguan Silk Roads (the Great Wall) Research Institute, planning themes, technical routes and organizational structures for Wall – to – Wall cooperative studies.

Chinese and British archaeologists and mapping experts visiting the Han Great Wall in Jiuquan (source: Jiayuguan Silk Roads (the Great Wall) Research Institute)

During the coronavirus pandemic in 2020, Chinese and British sides discussed and implemented cooperation action plans through online communication. Progress has been made in several cooperation projects. Among others, the Online Symposium on the Presentation and Interpretation of the Hadrian's Wall and the Great Wall of China 2020, co – hosted by Beijing University of Civil Engineering and Architecture and Newcastle University on 5 October, focused on dialogue to communicate research results and practices in conservation, management, utilization and voluntary participation.

Continued cooperation in the Wall – to – Wall Dialogue has yielded fruitful research results. In November 2019, *Wall – to – Wall Dialogue: the Collection of Papers on the Symposium on the Conservation and Management of the Hadrian's Wall and the Great Wall of China*, co – compiled by the Chinese Academy of Cultural Heritage and Historic England, was published. This is the first work of academic research results on the conservation, management and utilization of the Hadrian's Wall and the Great Wall of China. The *Wall – to – Wall Dialogue: the Collection of Papers on the 2nd Symposium on the Conservation and Management of the Hadrian's Wall and the Great Wall of China* will be published in both China and Britain by the end of 2020.

2. Wider social participation in conservation

The Chinese Government fully recognized that advancing the conservation, utilization, continuation and development of the Great Wall needs participation of all stakeholders from the whole society. In 2019 – 2020, the National Cultural Heritage Administration guided local governments and cultural heritage departments to strengthen publicity regarding the conservation of the Great Wall, disseminate values, conservation technologies and the legal system, and gain support and participation from various social sectors. Local governments and cultural heritage departments at various levels and professional institutions have carried out diverse publicity and education events for the conservation of the Great Wall through thematic activities during the Cultural Heritage Day, public lectures in schools and universities, cultural festivals, thematic exhibitions, and lectures on law education.

Meanwhile, the National Cultural Heritage Administration continued to facilitate deepened cooperation between China Foundation for Cultural Heritage Conservation and Internet businesses such as Tencent. "Join the Conservation of the Great Wall" launched by China Foundation for Cultural Heritage Conservation in collaboration with Tencent Foundation in 2019 has become the public good initiative that attracts the greatest attention in the field of cultural heritage. Up to 400, 000 persons joined the public initiative to protect the Great Wall through the Internet platform. Other online cultural events, such as the Friends of the Great Wall Lecture Series and Overseas Chinese Celebrating the Mid – Autumn Festival at the Great Wall, have promoted the culture of the Great Wall and enhanced the public's awareness of the conservation of the Great Wall.

Moreover, the National Cultural Heritage Administration has also encouraged social sectors to promote the culture of the Great Wall in various forms, such as assimilating elements of the Great Wall into online games, animations, column articles and creative products and making use of new media platforms and the Internet, so as to attract more young people to give attention to and participate in the conservation of the Great Wall.

More artistic and literary works featuring the theme of the Great Wall have been created, such as films, TV documentaries, music productions, picture books, and creative products. In 2019, China Foundation for Cultural Heritage Conservation released a video series on several media platforms to share the repair works for the Jiakou Section of the Great Wall from multiple perspectives, receiving huge views and gaining wider attention.

Cultural and creative products provide an effective tool to promote and disseminate the culture of the Great

Wall and its conservation ideas. In recent years, the National Cultural Heritage Administration has released a number of policies and measures to encourage the development of cultural and creative products. Among others, "Mutianyu Section Cup: Competition of Design of Cultural Products" has triggered out a wave to develop cultural and creative products on the Great Wall. Social sectors have been mobilized to explore the culture of the Great Wall and develop diverse creative products that highlight customs, traditions, sceneries, history, landscapes, agricultural products and cuisines from the Mutianyu Section of the Great Wall. These products have been marketed and sold well online.

Advocated and guided by the National Cultural Heritage Administration, a wave of protecting, studying and promoting the Great Wall is emerging across the whole society of China. In 2019, the Alliance for the Conservation of the Great Wall, founded by the Chinese Academy of Cultural Heritage, registered a total of 42 member institutions. Social organizations for the conservation of the Great Wall have been established in Hebei and Gansu provinces. In 2020, Beijing University of Civil Engineering and Architecture and Beijing Municipal Administration of Cultural Heritage co – founded Beijing Institute for the Culture of the Great Wall, with the aim of carrying out strategic cooperation with universities and think tanks in the conservation and utilization of sections of the Great Wall in Beijing. Currently, cultural values and connotations of the Great Wall of China is being disseminated in a wider scope to enhance the public's awareness of the Great Wall and build the consensus on the conservation of the Great Wall among the whole society.

3. Developments of the Beijing – Zhangjiakou High – Speed Railway

The Beijing – Zhangjiakou High – Speed Railway is an important transportation infrastructure for the Beijing Winter Olympics in 2022. It was put into operation at the end of 2019. Pursuant to requirements of the World Heritage Committee, under the guidance of the National Cultural Heritage Administration, Beijing Municipal Government, cultural heritage departments and administrative bodies of the heritage site have carried out monitoring and HIA activities on the state of heritage management, visitor management, tourist facilities and high – speed train operation with regard to the Badaling Section of the Great Wall. Several rounds of communications and expert advisory work have been conducted and the HIA report has been prepared pursuant to the ICOMOS Guidance on Heritage Impact Assessments. Based on assessment results, we consider that the Beijing – Zhangjiakou High – Speed Railway does not have negative impact on the heritage property and landscape environment of the Badaling Section but instead has improved the condition of the surrounding environment and visitor management capacity. The OUV, authenticity and integrity of the Badaling Section have been placed under good and proper care.

后　记

本报告为 2019 年度中国文化遗产研究院（以下简称"我院"）专项业务费项目"中国长城保护发展年度报告（2019—2021）"课题成果之一。课题组成员以我院文物研究所人员为主，其中长城开放利用与国家文化公园建设部分委托中山大学旅游管理学院张朝枝教授团队完成。

于冰负责报告的框架和技术路线设计，并执笔前言。其余章节执笔如下：第一章长城考古与遗产研究，由许慧君执笔；第二章长城管理体制与法治建设，由许慧君执笔（第三节于冰参与共同执笔）；第三章长城保护工程项目管理与预防性保护，由刘文艳执笔；第四章长城开放利用与国家文化公园建设，由张朝枝、陈晨、周小凤、曹静茵、潘彦宏、曾蓝茵、杨晓鹏执笔；第五章长城保护价值传播与社会参与，由刘爱河执笔（第四节由刘文艳执笔）；第六章综述与总结，由许慧君执笔。报告全文由于冰、许慧君完成统稿。

本报告在编写过程中得到了国家文物局、中国文化遗产研究院的支持，长城沿线各级文物保护行政管理机构和业务部门为报告课题组的调研工作予以了大力协助。同时，还得到了很多专家的指导，特别是吴加安研究员、乔梁研究馆员，对本报告进行了评审，并提出诸多有益的意见。本报告中的数据，主要来源于课题组独立收集，也有部分数据由相关业务机构以及社团组织提供，国信司南（北京）地理信息技术有限公司协助进行了长城舆情收集工作，我院中国世界文化遗产中心提供了长城世界遗产地监测报告资料。胡兴军、侯珂、贾海麟、梁建宏、王建华、尚珩、魏舒雅、于海宽、张文平、张斌、张建勋、张俊等专家为本报告提供了重要案例和珍贵资料。在此一并表示感谢，同时向长期支持、参与长城保护的各方团体及个人致敬。

报告即将出版，我们深知还有很多不足，期待大家对本报告可能存在的误处予以指正，以便我们更好地前进。

中国文化遗产研究院

2021 年 5 月